LA REINE CARLA

Sélection d'ouvrages du même auteur :

Vive les rois, J.-C. Lattès, 2009.
Les rois de France, de Clovis aux Bourbons, Hachette Pratique, 2008.
L'histoire secrète des rois de France, les éditions du Toucan, 2007.
Amours royales et princières, Racine, 2006.
Monaco. La saga Grimaldi, Timée-Éditions, 2007.
Diana, Princesse brisée, Timée-Éditions, 2007.
Les reines de France, J'ai lu, collection Librio, 2006.
Dix princesses, Racine, 2005.
Les rois de France, J'ai lu, collection Librio, 2004.
Albert II, un roi en famille, Racine, 2004.
L'Amour couronné, J'ai lu, collection Librio, 2002.
Guide de la Belgique royale, Collet, 2000.
Élisabeth de Belgique, l'autre Sissi, Payot, 1998.

Site internet de l'auteur : *www.patrick-weber.com.*

PATRICK WEBER

LA REINE CARLA

éditions du
ROCHER

ISBN : 978-2-268-06899-2

Introduction

Les Français orphelins de la couronne

En 1952, *Paris Match* atteint le million d'exemplaires. Ne serait-ce que pour la performance, l'exploit mérite qu'on s'y arrête ; mais quand on examine le tiercé de tête des couvertures gagnantes de l'année, on s'aperçoit à quel point les Français continuent à se passionner pour les affaires royales. Le 16 février 1952, *Match* titre sur la mort du roi George VI pour un tirage de 904 390 exemplaires. Le 23 février, la reine Elizabeth est proclamée reine et le tirage atteint 844 093 exemplaires. Enfin, *cherry on the cake*, le numéro consacré aux obsèques de George VI grimpe jusqu'à 1 202 844 exemplaires ! La passion monarchique qui s'empare de l'Hexagone ne se démentira plus par la suite. Plus de 1 400 000 exemplaires font écho au couronnement d'Elizabeth II en 1953. Mais il n'y a pas que le Royaume-Uni qui passionne les enfants de Marianne. Le mariage de Grace et Rainier à Monaco atteint 1 904 693 exemplaires en 1956, un score légèrement dépassé l'année suivante avec la naissance de la princesse Caroline. Mais le record absolu de l'histoire de l'hebdomadaire est encore une fois dû à la reine Elizabeth, en visite en France. 2 100 000 acheteurs s'arrachent le numéro événement consacré à la Queen reçue à l'Élysée. Par la suite, d'autres grands événements royaux vont faire les beaux jours du magazine. Le mariage de Baudouin et Fabiola de Belgique, les états d'âme de la princesse Margaret, l'ascension et la chute de l'impératrice Farah Diba d'Iran, sans oublier les aventures de Charles et Diana, figurent parmi les meilleures ventes de *Paris Match*. Après la mort de la princesse de Galles, il faudra attendre l'irruption de Carla sur la scène politique pour connaître un nouvel emballement médiatique. Pour autant, la France se montre-t-elle tendre avec les femmes en général et ses souveraines en particulier ? Pas sûr…

Un machisme très français

La France est machiste et cela ne date pas d'hier. Ce constat se révèle étrange pour un pays qui a généralement privilégié les symboles féminins pour s'incarner. La royauté avait choisi le lys, une fleur dont les épouses sages et dociles aiment garnir les vases ou orner leurs tenues. L'empire a déployé ses ailes d'aigle mais il a aussi butiné sur celles des abeilles, ces petites ouvrières dévouées au bien de la communauté. La république a opté pour Marianne, une figure féminine incarnant l'État, coiffée d'un bonnet phrygien. Mais si la France revendique le genre féminin au fronton des palais de la République, elle ne se méfie pas moins des femmes comme elle le ferait de sombres intrigantes, toujours prêtes à corrompre le cœur noble de l'homme qui dirige la nation comme un navire sur les flots déchaînés. On songe à Ulysse osant braver le chant ensorceleur des sirènes. Ou à Nicolas écoutant Carla lui susurrer : « Je suis ton amoureuse. »

La longue monarchie française fut des plus machistes. Tout a commencé par la loi salique, qui n'en était pas vraiment une, puis par le mauvais sort réservé aux reines. Traîtresses, intrigantes, futiles, volages, ambitieuses, désespérées ou trompées, mauvaises mères ou mauvaises épouses, aucun chef d'accusation ne leur a été épargné. Les attaques se faisaient encore plus cruelles lorsque certaines avaient le culot de prétendre exercer le pouvoir, le plus souvent pendant une régence. Avec la fin de la monarchie, la tradition s'est perpétuée. En Occident, le pouvoir reste une histoire d'hommes et rares sont les représentantes du sexe supposé faible qui ont réussi à se faire une place enviable au sommet de l'État.

Quand elles parviennent à entrer dans l'arène politique, les femmes sont le plus souvent cantonnées à la caricature. Jolies, elles risquent de tomber dans la futilité et la coquetterie et on les suspecte toujours d'incompétence. Moches, elles sont condamnées à devenir des caricatures. On les accuse d'arrivisme, on leur reproche d'être trop grosses ou mal fagotées. Les plus fins analystes politiques n'hésitent pas à juger leur tour de taille comme ils le feraient du programme politique pour leurs alter ego masculins. Marie-Antoinette cristallise toutes les erreurs de la monarchie et Édith Cresson est fusillée dès sa nomination au poste de Premier ministre, avant même d'avoir commencé à accumuler ses bourdes médiatiques. Catherine de Médicis est tenue pour seule responsable du massacre de la Saint-Barthélemy et Alain Juppé congédie sans ménagement ses « Jupettes » comme les anciens monarques répudiaient les épouses dont ils s'étaient lassés.

En ce début de troisième millénaire, Carla Bruni s'inscrit dans cette tradition. Quoi qu'elle fasse, la nouvelle reine de France est toujours suspectée de mal faire. Mais après la stupeur liée à son arrivée dans le champ médiatique et même un bref moment de grâce, pourquoi est-elle devenue la proie toute désignée des attaques ?

D'abord parce que Carla ressemble davantage aux reines de l'Ancien Régime que les autres « femmes de » issues de la Ve République. Carla est une étrangère, comme à la grande époque des mariages diplomatiques qui garantissaient la paix ou la guerre du royaume. Nicolas l'a épousée après avoir accédé au pouvoir. Une fois encore, la tradition évoque celle des souverains, rois et empereurs qui convolèrent une fois assis sur le trône. Carla est issue d'une grande famille, à l'image de tant d'autres unions entre la Maison de France et d'autres Maisons prestigieuses du continent.

Étrangère, riche, choisie par le chef de l'État… autant de péchés originels qui pèsent sur Carla. Condamnée à être jugée sans espoir de clémence, la Première dame de France serait bien inspirée de se plonger dans le grand livre de l'histoire de ce pays pour s'inspirer de ses prédécesseurs.

Première partie

Les Très Riches Heures de Dame Carlita

Depuis deux ans, Carla règne sans partage sur les médias. Carla Ire se cantonnait aux pages des magazines féminins *Elle*, *Vogue* et *Marie-Claire*. C'était la grande époque du top model international, égérie des plus grands couturiers. Carla II émigra ensuite vers les pages des *Inrocks*, de *Libé* et de *Télérama*. Le temps de la vedette de la nouvelle chanson française était venu. Puis vint l'avènement inattendu de Carla III qui se mit à occuper les pages de tous les magazines, de *L'Express* au *Figaro Magazine* en passant par *Gala* et *Point de Vue*. Depuis que la princesse des podiums a convolé en justes noces avec le monarque quinquennal de la France, il ne se passe plus un jour sans que l'épouse ne fasse parler d'elle. De décembre 2007 à l'aube de l'an de grâce 2010, nous retraçons les Très Riches Heures de Dame Carla, née Bruni-Tedeschi et ci-devant reine de France, de Navarre, des catwalks et du Top 50…

La naissance d'une romance

17 décembre 2007

Le titre de l'article qui paraît ce jour-là appartient à la grande tradition de *Libération* : « Carla Bruni : "Quelqu'un m'a vue" ». La raison de cette poussée de « pipolitude » dans les pages du quotidien est simple. Carla Bruni et Nicolas Sarkozy viennent d'être photographiés ensemble à Disneyland Paris et plusieurs magazines préparent leur couverture sur le sujet. Ce rebondissement sur fond de royaume enchanté de Mickey est digne des scénaristes de la série américaine *Desperate Housewives* puisque l'annonce du divorce du souverain de France et de Dame Cecilia date d'il y a moins de deux mois ! Comme le subodore le journaliste, la saison 2 du Sarko-Show promet d'être encore plus palpitante que la première. Il faut dire que le casting est de choix et que le premier rôle n'est pas promis à n'importe qui ! La sulfureuse Carla avec le remuant Nicolas, la cohabitation (si elle se vérifie) promet des étincelles. Et si l'on se place d'un point de vue strictement musical, l'irruption de Carla permet d'oublier le pénible tour de chant de la Concorde après l'élection de Nicolas. Mireille Mathieu et Enrico Macias ont de quoi s'inquiéter, la relève est en marche.

La nouvelle de l'incroyable rencontre se propage comme une traînée de poudre dans les rédactions du royaume et chacun s'interroge. Tout cela ressemble furieusement à une opération de com' admirablement bien ficelée. Le président plaqué adopte la posture nettement plus flatteuse de président qui emballe. Et pas n'importe qui ! Une ancienne top model, reconvertie en star de la chanson et, qui plus est, riche héritière italienne. Pour ne rien gâter, Carla est loin d'avoir le profil des « premières damisables » traditionnelles. S'il y a de la Bernadette en elle, il faut la chercher bien loin… La très littéraire rive gauche n'a pas oublié le roman de Justine Lévy qui expliquait comment cet ange d'innocence à la voix sensuellement éraillée lui avait détourné son homme, Raphaël, le fils d'un éditeur célèbre. Quel beau coup pour Nicolas ! Même Jacques Séguéla n'aurait pas osé imaginer une histoire pareille. Séguéla ? Et s'il n'était pas étranger à cette histoire…

18 décembre 2007

C'est vraiment ce jour-là que le destin de Carla bascule. Le top model bouscule les codes et se retrouve à la une du magazine *Point de Vue*. L'hebdomadaire des têtes couronnées et des noms à rallonge, le seul magazine qui réussit à réconcilier les concierges et les châtelaines. Dans son éditorial, la directrice de la revue, Colombe Pringle, parle d'une « histoire qui fait rêver » et de la « nouvelle dame de cœur de Nicolas ». Dans les pages intérieures, la rédaction de *Point de Vue*, d'ordinaire plus habituée à décrypter les subtilités du protocole qu'à parler nouvelle chanson française, évoque l'influence de Louis Bertignac sur la carrière de Carla chanteuse, avant d'embrayer (suprême audace) sur sa réputation de voleuse de mari. Pour Carla, cette couverture (la première d'une longue série) prend des allures de sacre. Une fois de plus, la femme entre dans un nouveau rôle, qu'elle semble bien déterminée à jouer. Mais le public se pince encore pour être sûr de ne pas être victime d'une hallucination. Parmi les bruits qui courent, certains affirment que Sarkozy serait sur le point de convoler avec une journaliste tandis que d'autres savent de source sûre qu'il serait amoureux d'une sportive… à moins qu'il ne s'agisse d'une comédienne. Pour achever de brouiller les pistes, la reine mère Andrée Sarkozy (surnommée Dadu) vient de déclarer que son fils n'avait que l'embarras du choix en matière de femmes mais qu'elle espérait sincèrement qu'il ne se remarierait pas.

19 décembre 2007

VSD apporte une nouvelle pièce au dossier en expliquant à ses lecteurs que le couple s'est rencontré un mois auparavant chez le publicitaire Jacques Séguéla à Marnes-la-Coquette. Sarkozy n'est pas un loup solitaire, c'est un animal grégaire. Il aime la compagnie de ses amis et aussi la vie conjugale. Mais plus que les habitudes présidentielles, c'est la vie sentimentale de Carla qui fait couler beaucoup d'encre. Et chacun de s'intéresser à son tableau de chasse. On cite en vrac les noms de Mick Jagger, Leos Carax, Christopher Thompson, Eric Clapton, Dimitri de Yougoslavie, Arno Klarsfeld et surtout Jean-Paul et Raphaël, le père et le fils ! En veine de confidences, Carla a un jour été jusqu'à avouer qu'elle s'ennuyait dans la monogamie… Mais cette carte du Tendre chaotique n'empêche pas de nombreux journalistes de voir dans cette nouvelle *love story* une vraie histoire d'amour. Benoît Hamon pousse une voix socialiste et dissonante pour faire taire le voile romantique qui risque, si l'on n'y prend pas garde, de recouvrir l'hexagone. Il voit dans cette relation unc nouvelle aventure de la principauté de l'Élysée et regrette le fait que le président aime autant lier sa vie privée et sa vie publique. Les journalistes terminent leur papier en évoquant un possible mariage… Une hypothèse hautement improbable mais en Sarkozye, peut-on jamais dire « jamais » ?

Le même jour, *Gala* s'étend sur la visite de Nicolas et Carla à Disneyland Paris. Pouvait-on imaginer une « joyeuse entrée » (au Moyen Âge, c'est de cette manière que les souverains manifestaient leur prise du pouvoir) dans la vie publique plus populaire que celle-là ? Où est passé le Nicolas Ier bling-bling du yacht de Bolloré et du Fouquet's ? Voilà que le petit Nicolas II serre la pince de Mickey et s'émerveille en découvrant les petits personnages chantants de « It's a Small World ». À cette occasion, Carla apparaît avec son fils Aurélien et sa mère Marisa Bruni-Tedeschi, qui fait pour l'occasion ses premiers pas de reine mère. Les amoureux renvoient l'image très banale d'une famille recomposée. Treize années les séparent et Nicolas a déjà été marié deux fois. Officiellement, le couple ne révèle encore rien de sa proximité affective mais cette apparition au royaume de Mickey prend des allures de communiqué de presse à l'adresse de la nation. « Oyez bonnes gens ! Votre prince est amoureux et il nous prie, nous, humbles médias, de vous le faire savoir. »

20 décembre 2007

Le chanoine d'honneur de Saint-Jean-de-Latran, plus connu sous le nom de Nicolas Sarkozy, est en visite au Vatican. Interrogé sur la romance présidentielle, le père Guy Gilbert déclare qu'il est prêt à unir les tourtereaux. La machine s'emballerait-elle ?

24 décembre 2007

La veille de Noël, Carla retrouve les pages de *Elle*, un hebdomadaire qu'elle connaît bien pour y avoir souvent officié en sa qualité de top model. Elle se fend d'un joli portrait qui la présente tour à tour comme une ensorceleuse, une amazone et, enfin, une princesse. « Princesse »? Le mot est lâché. « Chez cette belle princesse nonchalante, à la grâce travaillée, la faille existentielle, comme un accroc dans un tailleur Chanel, impose parfois une vision pessimiste, extrémiste, survoltée de l'existence. »

Bilan de cet essai d'interprétation de la réalité Carlienne, la belle ne serait en définitive qu'un être fragile, ne demandant qu'à être compris. Plus loin, Pascal Bruckner brise un tabou en évoquant une question de taille : les tailles respectives du prince et de sa dame. Selon lui, le désir d'avoir une femme plus grande est un fantasme chez de nombreux hommes qui aspirent ainsi à se faire dominer. De cette manière, Nicolas-Napoléon le Petit aurait réussi un magnifique tour de passe-passe. Il a endormi l'opinion en mettant en scène son histoire d'amour. En fin de compte, ces deux amoureux n'auraient mis en commun que leur passion pour le pouvoir. Et tandis que Sarkozy fredonne « It's good to be the King » de Mel Brooks, Carla murmure « Un jour mon prince viendra » à la guitare.

26 décembre 2007

L'immersion dans « la France d'en bas » et ses loisirs simples ne dure pas très longtemps en Sarkozye. Quelques jours plus tard, les médias de l'Hexagone s'affolent. Nicolas et Carla ont embarqué à bord d'un Falcon 900 appartenant à Vincent Bolloré, direction Louxor. Nicolas se la joue décontracté avec sa chemise ouverte et ses Ray-Ban. *Libé* titre « Le barnum Sarkozy au pays des pharaons » ; mais tout en ayant l'air de ne pas y toucher, il informe ses lecteurs avec minutie des moindres faits et gestes du pharaon français. Le Ramsès de Neuilly promène sa Cléopâtre piémontaise dans la vallée des Reines. Pour la préparer à son futur destin ?

Le même jour, *Point de Vue* adopte son ton le plus emphatique pour décrire Carla face à son destin, à l'heure du choix, et rappelle avec une fierté clairement revendiquée la paternité du scoop de l'idylle. Le magazine, qui fait partie du même groupe que *L'Express*, révèle qu'en relayant son exclusivité, le site internet du *newsmagazine* a pulvérisé son record avec 4,7 millions de pages vues contre 2,8 millions pour les élections présidentielles. Qui dit mieux ? L'hebdomadaire, qui n'a plus grand-chose à apprendre à ses lecteurs sur l'aspect factuel de l'idylle présidentielle, revient à ses traditionnelles ficelles éditoriales. Il fait référence à la presse italienne qui « rêve » de voir Carla en First Lady. Il révèle que Nicolas est Verseau, Carla Capricorne et que leur romance est placée sous le signe d'Uranus. Enfin, on y apprend les raisons pour lesquelles Sarkozy est devenu chanoine d'honneur de Saint-Jean-de-Latran. Le président s'inscrit dans une tradition qui remonte à Louis XI et qui fut renouvelée par Henri IV. Ouf, la romance qui se déroule sous nos yeux émerveillés sera bel et bien une histoire d'amour… royale !

30 décembre 2007

En tout cas, Nicolas peut se féliciter d'avoir brouillé les cartes d'une profession qui n'avait pas besoin d'un pareil cadeau empoisonné. Le voyage en Égypte pose la question de la frontière entre les genres. Voilà que les journalistes « sérieux » se retrouvent embarqués à bord de la même galère – il s'agit en l'occurrence d'une felouque – que les paparazzis. *Le Monde* s'interroge sur des vacances privées qui prennent des allures décidément très publiques. Hervé Guilbaud, rédacteur en chef du service France à l'AFP, estime que, « à partir du moment où le président se montre en public, on n'est pas dans la "pipolisation". Ce n'est pas comme si on allait chercher des confidences ». Il n'en reste pas moins que la profession s'interroge sur le jeu ambigu et dangereux qu'elle est condamnée à jouer pour suivre son Zébulon de prince.

2 janvier 2008

Après la trêve de Noël, les journalistes commencent à s'interroger sérieusement sur les implications et les conséquences de la relation de Nicolas. Quand on connaît le caractère de l'homme, on peut légitimement se questionner sur ses motivations. Il ne fait aucun doute que Nicolas a été blessé par le départ de Cécilia. Le roi n'est pas le genre d'homme à supporter qu'on lui résiste, à plus forte raison lorsque la « gifle » lui est administrée sur la place publique. En moins de deux mois, Nicolas le Rusé enterre non seulement l'affaire mais en plus, il trouve une remplaçante de choix, la seule qui réussira à faire oublier l'impudente qui a osé le défier. Faut-il voir de l'amour dans cette manœuvre qui ressemble à une réaction épidermique de mari trahi ? Le débat est ouvert… *VSD* affirme qu'après une période de solitude, « le président veut faire savoir qu'il a vraiment tourné la page Cécilia ». Mais tous les journalistes ne sont pas disposés à accepter cette version officielle des choses.

5 janvier 2008

Nicolas et Carla passent le week-end en Jordanie. Tout à coup, une meute de photographes se jette sur le couple. Effrayé, le petit Aurélien (le fils de Carla) se cache les yeux. Les photos du petit garçon apeuré font le tour du monde et déclenchent une nouvelle polémique. Jusqu'où peut aller la mise en scène de la vie privée ?

L'impossible mariage, comme une évidence

6 janvier 2008

Si c'est un hasard, il ne manque pas de panache ! C'est le jour de la fête des rois que *Le Journal du Dimanche* annonce le mariage imminent de Nicolas et Carla. Il faut dire que, moins d'un mois après leur rencontre, le président avait déjà offert à sa belle une bague en forme de cœur en diamants roses. De son côté, l'Italienne lui a choisi une Patek Philippe en or blanc. Au total, cela ferait plus de 80 000 euros de cadeaux ; mais ce sont cette fois des objets de goût, destinés à gommer l'effet désastreusement bling-bling de la Rolex liée à l'ère Cécilia. Pour lever un coin du voile sur cette histoire déjà très peu discrète, on peut compter sur la reine mère Marisa. En quelques semaines, elle s'est affirmée comme l'anti-Maria-Letizia Ramolino, la mère de Napoléon qui doutait toujours du destin impérial de son fils. Non seulement la mama a révélé que le couple était bien assorti mais en plus que le président lui avait demandé la main de sa fille. Dès lors, le bon peuple s'interroge. Aura-t-il droit à un mariage royal dans la grande tradition de l'histoire de France ?

9 janvier 2008

Le 8 janvier, plus de six cents journalistes se pressent à l'Élysée pour participer à la grande conférence de presse du président. Si autant de monde a répondu à cette invitation, c'est moins pour écouter Sarkozy parler de sa politique de civilisation que pour l'entendre annoncer la date de son mariage. Mais les journalistes ont beau scruter l'horizon, ils ne voient pas l'ombre d'une Carla dans les couloirs du palais. Sarkozy jubile et comprend qu'il a fait mouche. Quand on lui pose la question cruciale du possible mariage, il sourit et répond : « Ce qui est extraordinaire, c'est que vous m'avez fait la gentillesse d'attendre la deuxième question. » Avant d'ajouter : « Avec Carla, nous avons décidé d'assumer. C'est du sérieux mais ce n'est pas le *JDD* qui fixera la date. »

Et quand on lui parle des dates du 8 ou 9 février, il met les points sur les i : « Il y a de fortes chances que vous l'appreniez quand ce sera déjà fait. »

Le journal belge *La Dernière Heure* en fait son grand titre du jour et estime que le chef de l'État est pressé par le protocole de passer la bague au doigt de sa belle. L'absence de statut officiel de Carla embarrasserait le président lors de ses voyages d'État. C'est en tout cas l'explication qui commence à courir dans les rédactions, la seule qui serait de nature à légitimer un mariage express, choquant pour le commun des mortels. Une autre explication, selon laquelle Carla serait enceinte, surgit dans la presse *people* ; mais la baudruche se dégonfle aussi vite, devant le ventre de la mariée présomptive qui reste plat.

22 janvier 2008

Depuis sa rencontre avec Nicolas, Carla a adopté un profil discret. Elle parle peu ou pas et ne se montre pas plus. Si les journalistes ont été frustrés d'un mariage glamour, ils ne comptent pas la laisser tranquille. La future Première dame de France a derrière elle une vie bien remplie, beaucoup de photos et surtout de nombreuses déclarations, souvent sulfureuses. Internet se fait le relais naturel de la curiosité ambiante et révèle d'abord des photos très dénudées de l'ex-mannequin devenue chanteuse. La future reine est nue et cette seule image fait désordre dans la galerie de portraits des souveraines de France. Mais si elle est dévêtue, elle n'est pas muette pour autant. Un journaliste britannique en veine de scoops publie une interview datant de la mi-novembre 2007 dans laquelle Carla explique qu'elle ne se sent pas française et qu'elle n'a d'ailleurs pas de passeport français. La belle explique qu'elle se sent italienne, qu'elle aime le tempérament italien et la nourriture italienne. Selon Carla, les Français sont toujours de mauvaise humeur et négatifs alors que les Italiens, eux, sont positifs… *Last but not least*, elle aurait déclaré après sa rencontre avec Nicolas qu'il était « son Napoléon ». Inutile de dire que ces déclarations provoquent un certain émoi dans l'opinion.

23 janvier 2008

De nombreuses rumeurs ont déjà annoncé le mariage quand éclate un coup de théâtre. Toute cette histoire ne serait en définitive qu'un gros pétard mouillé ! *Gala* en remet une couche sur la liberté tellement chérie par Carla qui n'a aucune envie de faire une croix sur sa carrière de chanteuse et craint de se faire broyer par la machine de l'Élysée. En clair, le mariage ne serait plus à l'ordre du jour.

26 janvier 2008

Le président effectue son voyage d'État en Inde... en célibataire. D'après les rumeurs diplomatiques, le statut conjugal de Sarkozy compliquerait la tâche des responsables du protocole. Dommage, on aurait bien aimé voir la longue silhouette de Carla devant le Taj Mahal, sanctuaire universel des amoureux.

28 janvier 2008

Nicolas Sarkozy fête ses cinquante-trois ans. Parmi les invités à la petite fête organisée chez Carla, on reconnaît une belle brochette de *people* dont le couple Hallyday et les Kouchner-Ockrent. Qui a dit que le règne du bling-bling était fini ?

31 janvier 2008

Le (non-) mariage le plus mystérieux de l'année n'en finit pas de faire couler de l'encre. Sarkozy et Bruni assignent en référé la compagnie aérienne à bas coût Ryanair pour avoir utilisé l'image du couple dans une publicité. Le visuel de l'annonce ne manquait pourtant pas d'humour puisqu'il faisait déclarer à Carla : « Avec Ryanair, toute ma famille peut venir assister à mon mariage. » Le clin d'œil passe mal auprès de la présidence qui juge la publicité inacceptable.

Acceptez-vous de prendre pour épouse…

2 février 2008

Cela ne fait qu'un mois et demi que le grand public a découvert l'idylle présidentielle mais le mariage s'est imposé comme une évidence au point de commencer à se faire attendre. Enfin vient la grande révélation ! *Le Soir* de Bruxelles reprend le scoop de *L'Est républicain* qui annonce l'union du président et de la belle au palais de l'Élysée lors d'une cérémonie très privée. Le lendemain, c'est au tour de *Gala* de raconter la cérémonie en détail. Il est onze heures vingt au premier étage du palais. François Lebel, le maire du VIIIe arrondissement vient d'unir le chef de l'État et l'ancien top model. Selon le *JDD*, Carla porte une robe blanche Hermès, ourlée à la hauteur des genoux d'un galon bleu marine de dix centimètres. Les témoins choisis sont Nicolas Bazire, ancien homme politique et ponte du groupe LVMH et Mathilde Agostinelli, responsable de la communication du très chic groupe Prada. Cette dernière était l'ancienne meilleure amie de Cécilia mais aussi une amie de longue date de Carla. Les fils de cette histoire se croisent et se décroisent ; tous les ingrédients d'une comédie de boulevard sont réunis. Étrangement, Sarkozy a pour une fois décidé de faire dans la discrétion. La cérémonie s'est poursuivie par un dîner intime à La Lanterne, l'ancienne résidence versaillaise des Premiers ministres sur laquelle Sarkozy a jeté son dévolu dès son entrée en fonction.

Apparemment, seule Marisa Bruni-Tedeschi était au courant depuis quelques jours, les autres invités ayant été prévenus à la dernière minute. Tandis que le roi Nicolas découvre les délices de la confidentialité, on apprend que la nouvelle reine Carla n'aurait pas été opposée à un mariage un brin plus médiatique. Une chose est désormais sûre, la butineuse d'hommes a épousé l'homme assumé et les deux tourtereaux s'aiment avec l'innocence de deux collégiens. Non sans ironie, le *Journal du Dimanche* rapporte la confidence de Sarkozy à Tony Blair : « T'as vu comme elle est belle ! Et en plus, elle en a dans le cerveau, ça me change ! » Cécilia a apprécié…

Dans *Point de Vue*, Marisa Bruni-Tedeschi, fidèle à son tempérament, n'est pas avare en révélations. Elle nous apprend que le petit Aurélien n'était pas présent à la cérémonie à cause d'une méchante grippe. Elle ajoute que les récents remous au Tchad n'ont pas empêché le bon déroulement de la cérémonie puisque « le président sait faire face à tout ». Décidément en veine de confidences, la reine mère ajoute que Sarkozy est fou de Carla et qu'il lui a confié : « Votre fille, en deux minutes, j'ai su que c'était la femme de ma vie. » Si ce n'est pas la preuve d'un coup de foudre ! Nous apprenons enfin que le premier voyage d'État sera pour l'Angleterre avec une rencontre au sommet Elizabeth-Carla.

Une des grandes différences entre la monarchie et la république réside dans la vitesse à laquelle se succèdent les Premières dames. Jadis, il était rare de voir longtemps deux reines cohabiter. De nos jours, d'Anne-Aymone à Danielle, il existe beaucoup d'ex-First Ladies en terre de France. Bernadette Chirac, une des plus récentes (après Cécilia), se confie à *Point de Vue* et adresse tous ses vœux de bonheur au nouveau ménage. Elle confesse que c'est une vie lourde, non dénuée de difficultés. Par ailleurs, elle estime formidable de célébrer un mariage à l'Élysée mais refuse de donner un conseil à la mariée qu'elle ne connaît pas encore.

Décidément, *Point de Vue* semble bien déterminé à en faire autant pour ce mariage républicain que pour l'union de Charles et Diana. Toujours en quête de parallèles historiques, l'hebdomadaire des têtes couronnées se rappelle le mariage de Gaston et Jeanne Doumergue à l'Élysée le 1er juin 1931. Mais à l'époque, la nouvelle avait été reléguée en deuxième ou troisième page des gazettes. On n'était pas très *people* sous la IIIe !

3 février 2008

À défaut de commentaires signés Stéphane Bern pour le mariage, le couple fraîchement épousé se fait photographier à la terrasse d'un café. Ils se sont promenés quelques minutes, main dans la main, dans le parc du château de Versailles, le long du grand canal. Nicolas a-t-il songé aux anciens rois de France qui avaient l'habitude de présenter à la cour leur nouvelle épouse ou leur dernière favorite dans les allées dessinées par Lenôtre ? En tout cas, le vernis Ancien Régime de la récente union se confirme. Avis au peuple de France : à Cécilia succède Carla. La reine est morte ? Vive la reine !

En même temps, les journaux s'interrogent sur le futur professionnel de la nouvelle Première dame. D'ordinaire, l'épouse du président ne travaille pas pour son compte personnel, elle se contente d'exercer ses activités dans l'ombre de son mari. Or, Carla n'a pas annoncé qu'elle renoncerait à sa carrière de chanteuse et il se chuchote même que la First Lady va bientôt enregistrer un nouvel album. Les chansons sont prêtes, il ne reste qu'à déterminer comment organiser la sortie du CD dans un tel contexte. Sans compter l'épineuse question des concerts qui peuvent à tout moment se transformer en manifestations d'opposants à la politique de son époux…

4 février 2008

Libération tente de ramener l'événement *people* dans le registre politique. Le quotidien *a priori* très Carla-compatible affirme que le mariage glamour se déroule sous les sifflets d'une France en colère et clôt son dossier par un énième portrait de la belle. Dans l'article, une phrase se détache : « Quelle surprenante union entre une femme libre, si ce n'est libertine, vaguement de gauche, à tout le moins rive gauche, avec un président popu-cheap. » Et comment expliquer ce prodige autrement qu'avec l'évolution des lignes de fracture qui n'en finissent pas de bouger sous l'ère Sarko. Droite/gauche, politique/*people*, conservatisme/libertinage, etc. Les médias se sentent continuellement obligés de se déterminer en fonction des nouveaux clivages imposés par le souverain. Au risque d'y perdre la tête !

En Europe, les journaux ne sont guère tendres avec le couple. Les Italiens affirment que la nouvelle First Lady n'est pas jugée étrangère à cause de ses origines italiennes mais parce qu'elle est chanteuse et qu'elle a été mannequin. La Roumanie définit désormais Sarkozy comme « le mari de Carla ». L'Espagne voit dans ce mariage un « rideau de fumée » tandis qu'en Angleterre, le *Sunday Telegraph* surnomme le président « Speedy Sarko », qui se marie après seulement onze semaines ! Ironique, la presse allemande s'interroge et se demande si ce mariage permettra à Sarkozy de remonter enfin dans les sondages.

6 février 2008

VSD fait appel au spécialiste des grands destins pour esquisser les contours de la nouvelle vie de Carla Bruni. Henry-Jean Servat commence par brosser les portraits des Premières dames de la Ve République. Il faut reconnaître qu'entre Yvonne et Carla, on est saisi de vertige en évaluant tout le chemin parcouru. Puis il la compare à Jackie Kennedy ou Grace de Monaco en estimant qu'il lui reste à transcender une fonction qui, en définitive, ne repose sur rien.

7 février 2008

Paris Match n'entend pas demeurer en reste dans la Carlamania qui déferle sur les médias. L'hebdomadaire mythique des grands destins compare cette union éclair à une révolution. Jean-Marie Rouart s'interroge sur l'impact qu'aura ce mariage sur le bon peuple de France. Selon l'académicien, les Français ont la nostalgie de Saint-Louis et de De Gaulle, le moine soldat président. Il explique que ceux-ci ne vénéreraient pas autant Robert Badinter s'il avait eu la vie tumultueuse de Roland Dumas. En fin de compte, ils dénient à leur souverain le droit au plaisir et au bonheur. Le seul privilège d'occuper son fauteuil de l'Élysée devrait suffire à remplir sa vie.

8 février 2008

« Je préfère qu'on me traite de prédatrice que de vieux sac à puces ! » Ce cri du cœur, rapporté dans l'hebdomadaire *Le Vif/L'Express*, est-il avéré et serait-il symptomatique de la philosophie de Carla Bruni ? Côté témoignages, les journalistes vont chercher de plus en plus loin pour récolter des informations sur la nouvelle épousée. Giusi Parolin, nièce de l'ex-nounou de Carla, raconte les vacances qu'elle a partagées avec sa famille. Elle confie que la jeune fille vivait comme une princesse. La pratique assidue de l'équitation, du violon et du ski nautique faisait d'elle une jeune fille à la fois très féminine mais aussi un peu garçon manqué.

L'ombre de la princesse Cécilia

14 février 2008

Le Nouvel Obs titre sur le « Big Bang » qui brouille les pistes entre la vie privée et la vie publique. L'honorable hebdomadaire se trouve d'autant plus au cœur du débat que son site a publié un prétendu petit SMS qui a mis le feu aux poudres. Sarkozy, qui le conteste totalement, aurait, d'après *Le Nouvel Obs*, envoyé à Cécilia un court texto, peu avant son remariage avec Carla Bruni. « Si tu reviens, j'annule tout. » Ce qui n'aurait pu être qu'une anecdote devient une véritable affaire d'État. Le journaliste Airy Routier est mis en cause et l'hebdomadaire se lance dans une défense embarrassée. Le magazine révèle que ses deux meilleures ventes (excepté le numéro consacré à l'immobilier, les Français conservent quand même leurs priorités...) sont la couverture sur « l'énigme Cécilia » et une autre sur le divorce présidentiel en automne. Et d'ironiser sur les lecteurs qui incriminent leur hebdomadaire d'avoir publié sur son site le fameux SMS tout en se ruant sur les numéros qui ont abordé le chapitre de la vie privée du président. L'air de rien, Sarkozy a joué finement en brouillant une nouvelle fois les anciens repères médiatiques.

Paris Match décide de consulter les Français pour savoir ce qu'ils pensent de leur nouvelle souveraine. Côté image, 51 % des Français la trouvent élégante avant tout et 39 % moderne. 66 % approuvent qu'elle poursuive sa carrière artistique malgré son mariage avec le président. Et quand on les interroge sur le rôle dévolu à la Première dame de la République, les réponses révèlent un conformisme pur et dur. 54 % souhaitent qu'elle s'implique dans des actions humanitaires ou caritatives et 50 % espèrent qu'elle restera en retrait des affaires publiques. Ils ne sont que 9 % à estimer qu'elle devra conseiller politiquement son mari. Et quand il s'agit de définir son caractère, on la juge « plutôt de gauche », « trop charmeuse » et « d'autant plus généreuse qu'elle est riche ». La nouvelle reine Carla a d'ailleurs eu le tact de reverser aux Restos du cœur le chèque obtenu suite à l'action en référé contre la compagnie à bas coût Ryanair. Anne-Marie Corre, qui signe l'article, interroge sa boule de cristal et estime que les Français commenceront par râler en priant Carla de changer, puis qu'ils finiront par mettre de l'eau dans leur vin.

Les premiers pas d'une reine

15 février 2008

De nombreuses voix s'élèvent pour dénoncer un mariage trop parfait, trop glamour et surtout trop rapide pour être honnête. L'union ne serait jamais que celle de deux ambitions, de deux êtres que réunit la passion du pouvoir. Carla est-elle sensible à ces rumeurs ? Toujours est-il qu'elle décide de se confier à un journaliste mais pas n'importe lequel... Pour parler, elle choisit une vieille connaissance, Christophe Barbier, de *L'Express*. Carla adopte un profil modeste et explique qu'elle est entrée dans un autre monde dont elle ne connaissait pas grand-chose. Confrontée à une exposition médiatique inédite, elle n'avait jamais connu cela, ni dans le milieu de la mode ni dans celui de la chanson. Elle confesse être amoureuse et s'explique sur la fameuse photo de Pétra en Jordanie qui a fait le tour du monde. Carla s'explique en révélant qu'elle n'imaginait pas le torrent de réactions qui a accompagné la publication du cliché. Puis elle raconte. Comme elle était fatiguée, Nicolas avait pris son fils sur ses épaules et elle avait demandé à Aurélien de se cacher le visage face à la meute de photographes. Voilà, il n'y a rien d'autre à raconter sur cette histoire.

Carla réagit aussi à la publication du prétendu SMS et s'interroge sur la portée de tels sites s'ils avaient existé pendant la guerre et les dénonciations de juifs. Enfin, à tous ceux qui doutent de la sincérité de son engagement, elle envoie un message clair: « Je resterai madame Sarkozy jusqu'à la mort. » L'opération de communication semble être une réussite tandis que l'éditeur se frotte les mains: les Français se ruent sur le numéro du *newsmagazine*.

14 février 2008

L'état de grâce n'aura pas duré longtemps. À peine intronisée Première dame, Carla commet sa première gaffe. Sa référence au SMS et au traitement des juifs pendant la guerre est considérée comme un amalgame intolérable. *Le Nouvel Obs* s'insurge et considère la tirade de Carla « hallucinante, assez incroyable et pathétique ».

L'émotion est d'autant plus importante que c'est la nouvelle épouse du président qui aurait tenu à ce que soit évoquée la polémique du SMS et que l'article a fait l'objet d'une sérieuse relecture. Carla est donc confrontée à ses premières excuses publiques et regrette d'avoir pu choquer quelqu'un. La nouvelle souveraine découvre à ses dépens qu'une épouse de président n'a pas la même liberté de parole qu'une « simple » chanteuse.

5 mars 2008

C'est son premier voyage de Première dame et les médias sont bien déterminés à scruter à la loupe ce déplacement qui prend des allures d'examen de passage. Arrivée à N'Djamena au Tchad, Carla descend les escaliers qui la mènent au tarmac de l'aéroport. Ses cheveux sont lâchés et son pas mal assuré. On devine son sourire crispé derrière ses lunettes noires. Tout au long de cette visite qui pose déjà question sur le plan diplomatique (le Tchad est loin d'être un exemple de démocratie africaine), Carla écoute, paraît attentive mais elle ne parle pas ou peu. Interrogée par *Point de Vue*, Christine Clerc estime qu'il n'y a pas grand-chose de neuf avec l'arrivée de Carla. Elle incarne la douceur féminine dans un monde d'hommes dur, et si son look est à des années-lumière de celui d'Yvonne de Gaulle, son rôle reste toujours le même : demeurer au côté de son mari.

Paradoxalement, ce mariage aussi glamour que précipité ne fait pas de Carla un personnage très populaire. Les Français en ont soupé de la mise en scène de la politique et, depuis les *reality-shows*, ils se méfient des trop belles histoires. Dès lors, Carla n'a pas d'autre choix que de se faire discrète et même d'adopter un profil bas. « C'est ma première visite. Pour l'instant, j'écoute ce qu'on me dit. » Voilà résumée en quelques mots toute la philosophie de Carla la Modeste… Ne sommes-nous pas aux antipodes de la réputation de prédatrice arriviste que certains essaient de construire pour abîmer son image ? Mais en adoptant la prudence du caméléon, ne risque-t-elle pas de se couper de ses supports, sans gagner pour autant la sympathie de ses détracteurs ?

Dans la foulée, *Paris Match* nous apprend que Carla a tenu à ce qu'ils rentrent à bord d'un vol Air France et non dans un Falcon de la République. Simple clin d'œil à l'adresse de tous ceux qui n'auraient pas encore compris que Carla refuse de placer son règne sous le signe du bling-bling…

10 mars 2008

L'Élysée se met sur son 31 pour recevoir Shimon Peres, le président israëlien. Si Carla n'a pas totalement convaincu lors de son premier voyage hors des frontières, qu'en sera-t-il de sa première réception « à la maison » ? Carla n'ignore pas qu'elle sera jugée sur cette nouvelle épreuve et, cette fois, elle ne laisse rien au hasard. Elle a opté pour une lumière tamisée et imposé quelques aménagements dans le menu. Filet de barbue aux morilles, poêlée de févettes et pâtisson, risotto au parmesan… En clair, la reine souhaite servir à ses invités un repas raffiné mais pas trop lourd. Autre exigence royale, le timing sera bien respecté et il ne sera pas question de s'attarder à table. Carla l'Italo-Française a apporté son grain de sel dans le choix des vins, une autre de ses spécialités. Bien sûr, la souveraine chanteuse s'est aussi occupée des musiques.

Le grand soir venu, Carla porte une somptueuse robe signée Hermès mais elle n'est pas la seule à faire assaut d'élégance. Deux autres icônes du sarkozysme, Rachida Dati et Rama Yade, ne sont pas en reste. Vers vingt-trois heures, le roi Nicolas et la reine Carla invitent Shimon Peres et son épouse à faire un tour au jardin, signifiant à tous la fin imminente de la fête. Cette fois, Carla a marqué des points et paraît prête à affronter la prochaine épreuve de son apprentissage, la visite d'État en Angleterre les 26 et 27 mars. Un *must* pour toute Première dame qui se respecte !

20 mars 2008

Laurent Joffrin, le directeur de *Libé*, intitule son édito « Carlattitude ». Contrairement aux apparences, Carla n'a pas le style bling-bling et elle vient de le prouver en rédigeant une tribune dans *Le Monde*. L'article est bien troussé et Carla y pose la question importante de la loi de la presse (les journaux sont libres sauf à répondre de l'abus de cette liberté) et de son application dans le monde très flou de la toile. En situant le débat sur le plan de l'éthique, Carla le relève et corrige l'image du président. Sarkozy a retiré sa plainte contre *Le Nouvel Obs* et c'est toute la presse « sérieuse » – tombée dans le fossé de la presse *people* – qui essaie de s'en remettre. Carla vient de remporter sa première grande victoire mais le journal ne cherche pas à l'absoudre pour autant. Il paraît évident que sa présence et son rôle ont pour fonction d'apaiser le président et de le défaire de son image de Zébulon hyperkinétique doublé de celle d'homme d'État autoritaire. Et si le boulot de Carla était plus important qu'il n'y paraissait à première vue puisqu'elle ne doit rien faire d'autre que métamorphoser le président ? Vaste chantier en perspective !

27 mars 2008

En république, il n'y a pas de couronnement... Dès lors, la visite du couple présidentiel à Londres prend des allures de sacre de Reims. Comment les souverains d'anciennes ennemies héréditaires vont-ils se comporter face à la maîtresse incontestée de l'exercice, *the Queen herself*? Toute la presse se sent l'âme zitronienne pour commenter cet événement à la portée planétaire. C'est *Libé* qui ouvre le feu en saluant le presque sans-faute de Carla à côté d'un époux qui a rencontré plus de difficultés avec le protocole. Devant la reine, Carla révèle toute la classe d'une femme qui a l'habitude de porter des toilettes d'exception. Elle arbore un bibi très vintage qui lui donne des airs de Jackie Kennedy et, face à la Queen, elle accomplit une révérence parfaite. Pour accomplir cet exercice périlleux, elle a opté pour une tenue grise et ceinturée signée John Galliano. De son côté, Nicolas ne peut réfréner un tic d'épaule qui fait mauvais genre. Le souverain français monte avec la reine à bord du carrosse et paraît mal à l'aise tout au long de leur court périple hippotracté. Nicolas Ier ? Trop bavard, trop affairé, trop crispé et surtout faussement détendu !

Dans le deuxième carrosse qui emmène Carla et Philip d'Édimbourg, l'ambiance semble beaucoup plus sereine. De toute évidence, la reine Carla se sent plus à l'aise à Windsor que dans la capitale tchadienne. L'ancienne demoiselle Bruni devise gaiement avec son hôte et fait semblant de ne pas être contrariée par la campagne de presse qui entoure son voyage en Angleterre. Les journaux populaires ont fait l'inventaire de ses amants ? La belle affaire ! Carla s'en moque. Christie's met aux enchères une photo de Carla nue prise par Michel Comte et datant de 1993 ? Grand bien leur fasse ! *Le Monde*, que l'on ne savait pas versé en matière de bienséance, estime que la discrète révérence (que le protocole n'exige pas) représente plus un consentement aux codes, que l'épouse du président a préféré « citer » que singer. Tout est affaire de nuances…

28 mars 2008

Libération fait état de la Carlamania qui a déferlé sur le royaume. Les journalistes ne craignent pas d'en rajouter dans la surenchère. Ils multiplient les articles sur « la femme qui peut remplacer Diana dans le cœur des Anglais ». Rien que ça ! Mais les échotiers anglais ne sont pas prêts à enterrer la hache de guerre entre les deux vieilles nations ennemies. Si Carla accède sans peine au rang d'icône, Sarkozy essuie pour sa part de nombreux sarcasmes. Rien ne lui est épargné, et surtout pas les talonnettes présidentielles quand sa femme s'est contentée de chaussures plates. Avec clairvoyance, le président s'exprime en aparté sur la rage Carla qui a saisi tous les observateurs au cours de ces deux journées. « Carla n'est pas comme les épouses des hommes politiques. Elle n'a pas vingt ans de conquête de pouvoir derrière elle. » Pour une fois, même les plus acharnés des détracteurs du président ne peuvent pas le contester. Si l'on en croit les titres des journaux d'Albion, Carla a réalisé un parcours parfait :

> « Le président Sarkozy peut revenir du moment qu'il sera accompagné de son épouse Carla »
> « La Première Lady du chic »
> « La Grande-Bretagne est sous le charme de madame Sarkozy »
> « Ooh La La Madame ! »

Au risque d'encourir la peine assortissant tout crime de lèse-majesté, *Le Monde* ne peut s'empêcher d'apporter une note discordante à cette symphonie de louanges en insinuant qu'avec l'éclipse des Beckham ou de Madonna, il était temps d'adopter une nouvelle star qui fasse tourner les presses d'un secteur en crise.

Mais c'est bien sûr du côté de *Point de Vue* qu'il faut chercher la plus royale des accroches. L'hebdomadaire qui ne boude pas son plaisir claironne en couverture : « Le Sacre de Carla ». Un dossier aussi roboratif qu'un *breakfast* insulaire est servi aux lecteurs qui assistent au repas de gala comme s'ils y avaient été conviés. La reine est fière de présenter à Sarkozy la calèche offerte par le roi Louis-Philippe à la reine Victoria. Si la filiation unissant les deux reines britanniques paraît plus évidente que celle reliant le dernier roi des Français au sixième président de la Ve République, le symbole illustre la tradition d'entente cordiale qui prévaut dans les relations entre les deux pays depuis le milieu du XIXe siècle.

Mais le plat de résistance est bien sûr constitué par le repas. La soirée commence à vingt heures et vingt-cinq minutes précises au Saint George Hall du château de Windsor. Carla porte une robe en georgette de soie bleu nuit, voilée de mousseline. Cette splendeur haute couture est bien évidemment signée John Galliano pour

Dior. Côté bijoux, la parure qu'elle arbore mêle diamants et saphirs et est signée Chaumet. Parmi les multiples détails concernant le repas, on apprend aussi que la table fait cinquante-cinq mètres de long et réunit cent soixante et un convives. Bien sûr, tous les invités au *Royal Dinner* n'ont d'yeux que pour la reine Carla !

Paris Match consacre aussi un dossier historique au voyage et à l'intérêt qu'il a suscité outre-Manche. L'envoyée spéciale à Londres s'exclame avec enthousiasme que dans ce sport si anglais qu'est le *French bashing* ou l'art de dézinguer les « bouffeurs de grenouilles », Carla, en quarante-huit heures, a réussi un bel exploit.

Plus caustique, *Le Nouvel Obs* détaille l'obsession tactile du président qui a tellement bien intégré le fait qu'il ne peut pas effleurer la reine qu'il paraît s'en écarter comme s'il venait de manger un pudding avarié. Pour le magazine (qui a un œuf à peler avec le chef de l'État depuis l'affaire du SMS), le voyage officiel prend pour le président des allures de chemin de croix.

6 avril 2008

Si Carla accumule les réussites sur le chapitre du protocole, elle tarde à s'affirmer dans le domaine de l'action. De retour en France, voilà qu'elle décide de participer à une manifestation pour la libération d'Ingrid Betancourt. Elle affirme que ce drame humain la touche énormément et que son mari ne renoncera pas à son engagement dans ce combat. La reine Carla en nouvelle Tatie Danielle, intronisée pasionaria des droits de l'homme ? Une affaire à suivre…

L'effet Carla... la reine anti-bling-bling

16 avril 2008

Les semaines qui succèdent au voyage officiel garantissent une sorte d'état de grâce à Carla. Un nouveau sujet fait l'objet des analyses dans la presse : la souveraine serait même à l'origine du changement d'attitude du président de la République. L'hebdomadaire *Gala* en est convaincu. C'est Carla qui a apaisé Nicolas, son trop bouillonnant président de mari. La récréation bling-bling est finie, l'heure est désormais à la retenue ! Son look se fait plus sobre et le roi renonce à un train de vie que les Français jugeaient trop ostentatoire.

Deux semaines plus tard, le même hebdomadaire n'a pas peur d'affirmer que le principal trait de caractère de Carla est le perfectionnisme. Qu'il s'agisse de son nouvel album ou de la préparation d'un dîner d'État, Carla ne laisse jamais rien au hasard. La belle parle cinq langues et possède une solide expérience de la vie. Elle encourage son mari à prendre du recul et à ne plus vouloir tout contrôler. Enfin, elle initie son époux à de nouveaux plaisirs, inconnus pour lui et liés à la culture parfois même la plus pointue. Sarko à la Comédie-française ? Une image que l'on aurait crue impossible encore trois mois plus tôt !

7 mai 2008

Cette fois, une nouvelle visite d'État conduit Carla et Nicolas à Tunis. Ils sont accompagnés de personnalités à cheval sur deux cultures de part et d'autre de la Méditerranée comme Frédéric Mitterrand, Daniela Lumbroso, Serge Moati ou encore l'actrice Farida Khelfa.

Le couple paraît plus complice que jamais et Carla se fond à merveille dans son nouveau personnage de reine compatissante. Elle visite un village qui recueille des orphelins et remplit avec le sourire le rôle traditionnellement dévolu à une Première dame.

11 juin 2008

Alors que *Le Point* vient de décerner le titre de « présidente » à Carla, *Gala* enquête sur les secrets d'une Première dame à laquelle tout réussit. Présidente ? Carla trouve l'idée saugrenue. Elle s'amuse de ce débat et questionne un journaliste du *Nouvel Obs* qui l'interroge. « Est-ce que quand vous vivez avec un violoniste, vous êtes violoniste ? » Carla ajoute qu'elle n'a aucune intention de changer de métier. Elle fait clairement la différence entre sa fonction (dont elle a hérité avec son mariage) et son métier de chanteuse (qu'elle a choisi et pour lequel elle est payée). Elle affirme vouloir rester à l'écart de la politique mais ne peut empêcher les observateurs de faire le compte de ses amis et de ses ennemis au gouvernement.

On la sait proche de Bernard Kouchner mais pas du tout de Rachida Dati. Les mauvaises langues y vont même de leur anecdote assassine. Elles affirment qu'en se promenant dans les appartements de l'Élysée, elle a dit à Rachida en lui montrant le lit présidentiel : « Tu aurais bien aimé l'occuper, n'est-ce pas ? » Si l'histoire est vraie, elle révèle le fossé qui sépare les deux femmes. Carla a clairement fait comprendre à la garde des Sceaux qu'il ne servait à rien de déranger son mari en lui envoyant des SMS tard le soir ou tôt le matin. Pendant ce temps, le roi Nicolas laisse ces dames se crêper le chignon. Il suit de loin l'enregistrement du nouveau disque de sa femme, comme s'il comprenait que Carla ne devait pas répéter les erreurs de Cécilia qui s'était trop approchée du pouvoir et avait fini par se brûler les ailes aux yeux de l'opinion publique.

17 juin 2008

En épousant Carla, Nicolas a réussi un joli coup politique. Il a affolé les curseurs qui ne savent plus où ils en sont entre la vraie droite et la gauche authentique. L'hebdo culturel de gauche *Les Inrockuptibles* prend la mouche cette semaine. Il compare Carla à « une femme-sandwich » qui ne serait en définitive que l'outil de propagande d'un parti politique. Selon la chroniqueuse, le message est clair. Avec Carla à l'Élysée, le bon peuple n'a pas de quoi se plaindre ! La France est dotée d'une femme intelligente, racée et artiste et n'a donc plus rien à craindre du grand méchant loup Sarkozy… D'ailleurs, un président qui épouse une femme de gauche ne peut pas être fondamentalement mauvais ! Dès lors, Carla Bruni devient, dans le meilleur des cas, une figure de proue de l'UMP et, dans le pire, un cache-sexe destiné à dissimuler la brutalité et la vulgarité de Sarkozy. Apparemment, c'est du côté des anciens soutiens de Carla que viennent les premières attaques sérieuses.

La reine chante sans enchanter

21 juin 2008

Aujourd'hui, *Libération* signe un grand coup : un entretien exclusif avec Carla Bruni. Waouh… cela sent le record de ventes ! Mais très vite, dès l'éditorial de Laurent Joffrin, le journal se sent obligé de s'expliquer. Que fait Carla Bruni dans *Libé* ? Le patron du journal répond : tout d'abord elle est une chanteuse de qualité, et puis elle est la femme du président de la République. Il présente Carla comme un sujet journalistique complexe qu'il faut savoir « décrypter sans œillères ». Il met aussi en avant les ruptures culturelles dues à la nouvelle Première dame. Exit Mireille Mathieu et bonjour Julien Clerc… Mais tous ces bons sentiments ne sont-ils pas mis *de facto* au service de la rupture libérale au cœur du programme du chef de l'État ? En tout cas, la rédaction s'émeut et publie un « making-of » intitulé « Une Première dame qui fait des vagues ». Les journalistes s'inquiètent à l'idée de confier à Carla le titre de « rédac chef d'un jour ». Même si l'idée est purement symbolique, la rédaction s'émeut et estime qu'il faut se limiter à un traitement purement journalistique du sujet Carla.

Dans l'entretien, la reine Carla redevenue troubadour s'explique sur la sortie de son nouvel album le 11 juillet. Elle révèle la complexité d'une situation qui l'a forcée à se dédoubler et va jusqu'à utiliser le terme de « survivre » pour qualifier sa situation. Avec intelligence, Carla confie la difficulté pour elle d'entrer dans un monde qui lui est complètement étranger, peuplé de gens conservateurs. Ceux-ci ont été choqués par l'arrivée d'une femme étrangère, pas mariée et mère d'un enfant… D'autre part, elle reconnaît que ses proches ont été déboussolés par son mariage avec un homme incarnant avec autant de panache le camp adverse. Elle résout cette épineuse question en évoquant son mari qui est loin d'être le conservateur que l'on croit. Elle parle des dîners qu'elle organise pour mettre en présence son époux et des acteurs de la scène culturelle. Carla brise les frontières et élargit l'ouverture préconisée par son époux. Elle ne nie pas être intervenue sur le choix du nouveau patron de la Villa Médicis à Rome, Frédéric Mitterrand ayant été préféré au très controversé Georges-Marc Benamou. Mais à chaque fois que l'on aborde un sujet délicat, Carla révèle son art consommé de l'esquive. Elle minimise son rôle et présente le profil modeste qui est le sien depuis qu'elle est entrée à l'Élysée.

Le plan promotionnel de la sortie de son disque ne ressemblera pas aux autres… Elle fera des apparitions télévisuelles mais elle renoncera à donner des concerts. Quand on lui demande pourquoi, elle explique qu'il faudrait prévoir une structure de sécurité « choquante » (ce sont ses propres mots) et elle s'y refuse. Carla affirme avoir réussi à se dédoubler et fait la part des choses entre la sortie de son disque et son rôle d'épouse. Pour autant, *Libé* croit savoir que la sortie du disque est devenue une priorité à l'Élysée et qu'un bide serait vécu comme une catastrophe nationale.

Quand le journal l'interroge sur la manière dont elle veut exercer son pouvoir, la reine Carla répond que son action sera liée à des causes humanitaires. Elle reconnaît qu'il s'agit d'une tradition et qu'elle se refuse à faire des choses qui « choquent les gens et qui sortent des traditions ». Ces mots très consensuels prononcés par une femme qui n'a jamais eu peur d'affirmer ses choix peuvent surprendre. La nouvelle Carla l'avoue en fin d'entretien : « Je suis une femme assez peu engagée politiquement. » Dont acte. Circulez, y a rien à voir.

23 juin 2008

Dès le lundi, les lecteurs et les « libéronautes » réagissent à l'initiative de leur journal. « Adieu », « Au revoir »… Une vague de mécontentement et de regrets déferle sur la rédaction et n'épargne pas la direction du journal. Et Sarkozy de sourire dans la barbe qu'il n'a pas : une fois de plus, il a réussi à affoler les repères. Droite/gauche, vie publique/vie privée, presse *people*/presse sérieuse… Plus personne ne s'y retrouve sauf le président, qui voit dans ce grand remue-ménage la preuve de la réussite de sa rupture.

26 juin 2008

C'est *Paris Match* qui l'affirme : à Jérusalem, Carla n'a pas volé la vedette à son mari. Lors du dîner d'État, deux chanteuses sont mises en vedette : Shirel et Noa… Carla est bien présente mais, cette fois, pas en qualité d'artiste. La reine est l'épouse du chef de l'État et ne sort pas de son rôle. De l'avis général, Carla s'est montrée plus discrète lors de cette visite moyen-orientale qui n'a pas grand-chose à voir avec le *show* offert aux magazines lors de la visite d'État en Angleterre.

Il en faut plus pour décourager *Point de Vue* qui continue à surfer sur la vague Carla. L'hebdo des têtes couronnées évoque la crise survenue à *Libération* mais rappelle que le journal a vu ses ventes bondir de 40 % le jour de la publication du numéro Carla. La Première dame divise et suscite des passions mais elle fait vendre ! Et le magazine de prédire un succès planétaire pour le prochain disque de la First Lady. D'ailleurs, un plan média en béton avec Boyer (pour les « djeunes »), Drucker (pour les seniors) et Denisot (pour les bobos) n'est-il pas d'ores et déjà bouclé ?

De son côté, l'hebdomadaire *Marianne* jette un pavé dans la mare. Nicolas Domenach s'exclame : « Quel tintamarre de flatteries flatulentes ! » Mais le paysage médiatique est divisé sur le rôle de la souveraine. Carla apparaît de plus en plus comme le versant « éclairé » de Nicolas, la seule capable de le calmer et de le centrer.

Le *nouvelobs.com* raconte le départ précipité du couple présidentiel après sa visite d'État. Pendant la cérémonie à l'aéroport de Tel-Aviv, un tir retentit et provoque un début de panique. Très vite, il apparaît qu'il s'agit d'un soldat qui s'est suicidé. Les images de Carla Bruni qui monte en courant les dernières marches de la passerelle de l'avion font le tour du monde. De son côté, Nicolas a étonné tout le monde en adoptant une attitude flegmatique qu'on ne lui connaît pas. À l'issue de cette visite, le couple royal a reçu une nouvelle onction, celle du risque. Carla prend conscience que le job de reine n'est pas sans risque.

9 juillet 2008

À l'occasion de la sortie de son album, Carla se définit comme un « électron libre » dans les pages de *VSD*. Le journaliste de l'hebdomadaire affirme avoir été reçu « en toute décontraction » même s'il a dû montrer patte blanche aux policiers en faction devant la porte de sa maison. Après cinq mois de mariage, l'heure est déjà au premier bilan. Trop tôt ? Bien sûr que non pour une histoire d'amour qui a pris l'allure d'un trajet en TGV. L'épouse du chef de l'État regrette de ne pas pouvoir consacrer plus de temps à ses activités de Première dame. Elle est frustrée de ne pas en avoir fait plus mais reconnaît être égocentrée en tant qu'artiste. Dans la foulée, elle confesse être lente, ce qui explique qu'elle ne répond pas vite aux multiples demandes qui lui sont adressées. Enfin, le petit scoop qui arrive en fin d'entretien n'en est pas vraiment un : Carla n'est pas enceinte même si elle « adorerait » ça... Mais voilà, à 40 ans, c'est plus difficile qu'à 25 !

14 juillet 2008

Carla est émue, Carla sourit... Carla est habillée par John Galliano pour Christian Dior. Ses boucles d'oreilles sont signées Van Cleef & Arpels et son chignon est irréprochable. La Première dame est prête à assister à son premier 14 juillet sur les Champs. Bientôt, Carla se changera pour assister à la traditionnelle garden-party de l'Élysée et, comme toujours, la fête sera réussie avec, cette année, un zeste de glamour en plus grâce à l'effet Bruni. Comme Marie-Antoinette dans ses jardins, la reine Carla la joue bucolique-chic. Du neuf ? Non, rien à signaler.

23 juillet 2008

L'été du couple est placé sous le signe de la Méditerranée. Nicolas découvre les délices de la somptueuse propriété familiale des Bruni-Tedeschi au Cap-Nègre. Trois mille mètres carrés et une piscine pour oublier les remous de la vie politique, loin de l'Élysée et de ses obligations. Avec compassion, *Gala* rappelle que la sécurité n'est jamais loin et qu'une quinzaine de gardes du corps ont emménagé dans un hôtel à Cavalère. En veine de confidences, le patron du directeur de l'hôtel Le Club de Cavalière révèle que Carla et sa mère adorent décortiquer des homards sous les pins parasols.

Malgré son accession au trône, Sa Majesté a conservé des goûts simples.

13 août 2008

Au beau milieu du mois d'août, *Point de Vue* fait référence à un entretien accordé par la reine Carla à *Vanity Fair*. La Première dame confesse une nouvelle fois son désir d'enfant et le magazine voit déjà l'Élysée se transformer en pouponnière. Mais ne comptez pas sur elle pour forcer le destin, elle laissera faire la nature. Les rumeurs autour d'une possible grossesse permettent aussi de calmer les sarcasmes qui ont entouré sa séance de pose pour *Elle* devant l'objectif d'Annie Leibovitz. Elle a posé sur les toits de l'Élysée telle *La Liberté guidant le Peuple* de Delacroix. Carla mégalo ? Non, elle préfère se voir dans les habits d'une nouvelle Jackie Kennedy, à mille lieues d'une Yvonne de Gaulle coincée entre tricot et popote. Pour autant, la séance de photos divise et va jusqu'à susciter des commentaires réprobateurs. Un premier faux-pas pour cette grande professionnelle de l'image ?

D'autres voix s'élèvent aussi pour lui reprocher de ne pas avoir accompagné son époux pour l'inauguration des Jeux olympiques de Pékin. À sa manière, la Première dame imprime sa marque et pose ses choix. *VSD* consacre un papier au tempérament indépendant de la souveraine que l'on sort quand ça lui chante. Elle s'étourdit des déplacements incessants de son mari et lui murmure : « À force de bouger tout le temps, on va mourir. » Carla avoue ne pas tenir le rythme de son époux, elle préfère se préserver pour ne pas pousser son corps à bout. Très consciente de sa beauté, elle l'entretient (même si les secrets liés à son apparence physique sont classés secret défense) et affirme qu'il faut être très élégante pour représenter la France. C'est dans ce rôle de mannequin de prestige qu'elle se sent sans nul doute le plus à l'aise. Karl Lagerfeld en remet une couche en affirmant qu'il doit être difficile pour les autres femmes de chefs d'État de soutenir la comparaison avec une Carla à la fois belle, intelligente et polyglotte.

Le même article s'interroge aussi sur les ventes de son CD. Certes, *Comme si de rien n'était* ne marche pas mal mais on est loin des 700 000 copies qu'espérait vendre la maison de disques. Outre la crise du marché de la musique, il faut aussi voir dans ce demi-succès (ou semi-flop, c'est selon) l'image de Carla Bruni. La belle est très célèbre mais pas populaire pour autant. Elle ne déclenche pas l'hystérie et le processus d'identification avec l'artiste couronnée est compliqué. Non sans esprit, elle a confié à *Vanity Fair* qu'elle devait absolument éviter de commettre un faux-pas. « Quand vous êtes chanteuse et que vous dites : “J'aime la polyandrie”, ça ne pose pas problème mais si vous êtes la Première dame et que vous dites : “J'aime le Coca Light”, c'est un drame. » Carla doit faire attention à tout et c'est nouveau pour elle. De toute évidence, la First Lady hexagonale aime qu'on la compare à une nouvelle Jackie Kennedy. Elle cultive jusque dans le choix de ses tenues une ressemblance troublante qui plaît outre-Atlantique. De son côté, Nicolas Sarkozy verrait d'un bon œil le fait d'être comparé à d'autres couples mythiques de l'histoire. Il reste à franchir le pas qui sépare les magazines *people* de la légende.

15 août 2008

Et si c'était de la Chine que venait le premier engagement véritable de Carla sur la scène politique? Alors que la polémique se poursuit sur les Jeux olympiques de Pékin, le voyage du Dalaï Lama en France fait de plus en plus de bruit. Même si l'Élysée s'égosille à répéter que ce voyage sera totalement apolitique, la seule annonce de la présence de Bernard Kouchner et de Carla Bruni à l'inauguration d'un temple dans l'Hérault prend des allures d'engagement individuel pour la Première dame.

21 août 2008

Nicolas et Carla reçoivent au Cap-Nègre! Et c'est d'abord l'ancien couple souverain, Jacques et Bernadette, qui profite de leur hospitalité. Vêtu d'une chemise blanche et d'un pantalon beige, c'est un Chirac très estival qui a répondu à l'invitation. Le *nouvelobs.com* rappelle que si le président passe ses vacances dans la résidence des Bruni-Tedeschi, le couple Chirac séjourne quant à lui dans la résidence azuréenne de François Pinault. Comme quoi, la rupture a des limites... Parmi les autres rencontres de l'été, les Sarkozy-Bruni ont reçu le prince Albert II de Monaco et son amie Charlène, ainsi que le ministre Bernard Kouchner accompagné d'une autre reine, Christine Ockrent.

23 août 2008

Elle avait annoncé qu'elle irait et elle y est allée! Carla Bruni-Sarkozy, qui a brillé par son absence à Pékin pour l'inauguration des Jeux olympiques, est allée à la rencontre du Dalaï Lama, la bête noire du régime communiste. Sa Sainteté lui remet la traditionnelle kata, une écharpe en soie blanche en signe de bienvenue. La présence de Bernard Kouchner et de Rama Yade ne réussit pas à faire oublier que la vraie vedette du jour est bien la reine Carla. D'ailleurs, le leader tibétain, qui s'y connaît en matière de symbole, a accordé quelques minutes d'audience privée à l'épouse Sarkozy. Comme si de rien n'était… Cela ressemblait bien à une bénédiction élyséenne de l'action du saint homme.

Une promo royale

7 septembre 2008

Avec la rentrée commence le difficile exercice de la promotion de l'album de Carla qui, pour l'occasion, devient un peu plus Bruni et un peu moins Sarkozy. Michel Drucker l'invite à prendre place sur son célèbre divan. Il avait été question que la chanteuse passe tout l'après-midi chez le plus consensuel des animateurs français mais, finalement, elle ne sera la star que de la deuxième partie de l'émission, à dix-neuf heures. Du côté du Parti socialiste, les dents grincent et condamnent une promo qui prend des allures de propagande élyséenne. Apparemment, la frontière séparant Carla la chanteuse de Carlita l'épouse est de plus en plus ténue.

11 septembre 2008

Libération publie un droit de réponse de Naïve, la maison de disques de Carla. Le journaliste Gilles Renault avait commis le crime de lèse-majesté de publier un papier intitulé « La première dame vers le bac à soldes ». Le débat entourant les chiffres de vente du CD est loin d'être clos mais une chose est sûre, la déferlante attendue n'a pas eu lieu.

18 septembre 2008

Invitée par la BBC, Carla Bruni distille quelques confidences sur sa vie avec son mari. Selon une dépêche AFP, elle raconte qu'il lui arrive de déranger Nicolas Sarkozy au milieu de la nuit avec sa musique. Selon elle, son époux n'est ni un fan ni un critique mais plutôt un homme curieux qui découvre un monde qui n'est pas le sien. On prend note.

20 septembre 2008

Une bonne promo n'existe pas sans un passage dans les pages de *Télé 7 jours*. Carla révèle pourquoi elle a limité ses apparitions à la télévision et explique qu'elle choisit seulement les émissions où elle peut chanter. Contrairement à Laura Bush qui avait un jour confessé se sentir « très *Desperate housewive* », Carla affirme ne pas se sentir du tout « *desperate* » et absolument pas « *housewive* ». L'hebdo révèle aussi que Carla sera bientôt en duo avec Julien Doré dans *Taratata* et qu'elle ne se sent jamais aussi heureuse que lorsqu'elle peut chanter. Et quand elle est présidente ?

24 septembre 2008

C'est au tour de *Point de Vue* de faire le point sur l'étonnant mélange des genres entre la musique, la politique, la mode et la *people*-attitude. Bien sûr, le magazine ne fait pas référence à Joey Starr, qui a récemment traité Carla de « tassepé » (« pétasse ») en plein concert. Mais pour une fois, le magazine se fait moins mielleux avec la belle. Il relaie les chiffres d'audience du passage de la reine Carla chez Drucker, où elle a fait deux fois moins bien que la souveraine douairière Bernadette. Selon l'hebdomadaire, Carla aimerait cloisonner sa vie mais elle n'y réussit pas toujours. Sa prestation de rédactrice en chef d'un soir au *Grand Journal* de Canal + a encore renforcé cette impression de confusion des genres. Tout au long de l'émission, elle présente ses meilleures amies (Marine Delterme, Johanna Fath, Karine Sylla, Farida Khelfa), donne la parole à John Galliano, rend hommage à l'action de ministres comme Fadela Amara ou Martin Hirsch (considérés comme les plus à gauche au gouvernement). Et quand on lui demande s'il n'est pas trop difficile de jouer tous ces rôles, elle répond que non, que c'est « comme si elle jouait dans un film ».

Dès lors, l'hebdo s'interroge. Et si c'était ce qu'on commençait à reprocher à Carla ? De jouer un rôle. D'être en même temps partout et nulle part à sa place. Pas vraiment chanteuse et pas tout à fait Première dame. Comme si elle se déguisait au gré de ses apparitions, un jour avec une écharpe tibétaine pour le Dalaï Lama, le lendemain avec un bibi Kennedy pour la reine d'Angleterre ou le jour d'après avec un jean délavé pour chanter. Les Guignols s'en donnent à cœur joie pour railler une Première dame qui fait tout pour ne froisser personne et finit par devenir une image dépourvue de toute consistance. Après neuf mois au sommet, Carla commence à décevoir. Même la presse qui la soutenait avec le plus d'enthousiasme commence à douter. À côté d'un mari qui agit vite, elle n'en finit plus de prendre son temps et le contraste en devient parfois insupportable. Carla ne veut pas choisir, elle veut plaire et être toutes les femmes en même temps. Mais pour légitimer sa position, il serait temps d'agir.

Une reine fainéante ?

1er octobre 2008

Sept heures, le couple s'éveille. Nicolas dort du côté gauche du lit, comme toujours lorsqu'il réside dans l'hôtel particulier de son épouse (à l'Élysée, il préfère le côté droit, plus conforme à son engagement politique). C'est à ce moment-là, quand Nicolas est décoiffé, que Carla le préfère. Tandis que le président regagne l'Élysée, Carla vit sa vie, réglée comme un métronome. Elle s'octroie deux heures de sport par jour. Elle aime aussi lire de la poésie dans les canapés de son salon et le magazine *Gala* nous apprend que le couple préfère passer des soirées ensemble à la maison, entre dîner léger et DVD, plutôt que courir les dîners en ville. Carla baisse les yeux et dit qu'ils n'ont pas envie de sortir puisqu'ils viennent de se rencontrer. Elle tempère son époux ultra-sanguin, sauf dans l'épineux dossier du tout-à-l'égout du Cap-Nègre. Il n'est pas de petit dossier pour le souverain de la France, qui l'avait promis à sa belle-mère en provoquant une amorce de polémique avec les voisins.

Carla confirme qu'elle voudrait être une nouvelle fois mère. La nouvelle Première dame tranche avec Cécilia qui voulait tout régenter dans la vie de Nicolas. Elle l'empêche d'engloutir des friandises (surtout ses fameux chocolats qu'il adore) et elle lui prodigue des conseils inspirés pour améliorer son look. En distillant ces confidences, Carla insiste sur le fait qu'elle ne veut pas influencer son époux sur le plan politique. Mais jusqu'à quel point est-elle une vraie candide ? Avec son expérience de la vie, il est difficile de croire que Carla se contente de demeurer aussi loin des réalités.

En même temps, la presse constate que Carla est aussi capable de jouer les Premières dames… quand cela lui chante. À New-York, elle participe à la remise de l'Humanitarian Award au président de la République française. Dès lors, le couple présidentiel joue les stars et côtoie les grands noms du tout-Hollywood et du tout-New York. Carla ne s'octroie que deux petites séquences shopping sur Madison Avenue et déjeune avec Laura Bush. Le thème de leur discussion ? L'alphabétisation ! Carla jouerait-elle enfin son rôle de première ambassadrice de la France ? Avec objectivité, *Point de Vue* note qu'elle sait jouer les Premières dames quand elle en a envie.

13 octobre 2008

On l'avait déjà entendue s'exprimer sur le sujet très consensuel d'Ingrid Betancourt mais, cette fois, la reine Carla s'attaque à un autre morceau qui risque bien de faire débat. Avec sa sœur, elle rend visite à Marina Petrella, l'ancienne activiste italienne. La Première dame porte un message de son époux, assurant à Petrella qu'elle ne sera pas extradée vers l'Italie. Elle ajoute qu'il s'agit seulement d'une décision prise en vertu de la clause humanitaire de la convention d'extradition européenne de 1957. Apprenant la nouvelle, Rome réagit avec tiédeur. *Libération* précise que l'association des victimes du terrorisme Aiviter regrette que la France ne respecte pas les conventions internationales. En mettant le doigt dans cette affaire, Carla fait entendre sa petite voix éraillée et discordante dans le discours de la majorité qui risque de réduire à néant de longs mois de profil bas.

29 octobre 2008

Il manquait à Carla l'adoubement de son prédécesseur. C'est chose faite depuis qu'on l'a vue avec Bernadette Chirac. Les deux femmes se sont embrassées avant la messe de requiem de sœur Emmanuelle. La reine douairière aurait profité de l'occasion pour lui donner de précieux conseils sur le protocole. Puis on apprend que Carla a reçu Bernadette à déjeuner à l'Élysée. Il ne reste plus à la nouvelle reine de France qu'à trouver une grande cause comme celle de Bernadette avec les hôpitaux de Paris.

10 novembre 2008

Quand elle apprend l'élection de Barack Obama à la présidence américaine, la reine Carla s'enthousiasme. Elle se déclare pleine d'espoir et d'attente. Rapidement, elle commente les propos de Silvio Berlusconi qui a évoqué le « bronzage » du nouveau président américain. Carla met cette saillie sur le compte de l'humour mais elle ajoute aussitôt qu'elle est heureuse d'être devenue française. L'ancien président de la République Francesco Cossiga attaque aussitôt son ex-concitoyenne. *Libération* rapporte ses propos : « Nous sommes bien contents qu'elle ne soit plus italienne, je dirais même plus : nous en sommes heureux ! Mais qui sait, dans sa vie tumultueuse, Carla Bruni sera peut-être un jour amenée à redemander la citoyenneté italienne. » Cette fois, la reine Carla se trouve bel et bien au centre d'une polémique et c'est contre son ancien pays qu'elle doit se battre.

26 novembre 2008

L'hebdomadaire *VSD* se lance dans l'exercice du bilan. Le magazine évoque les réussites et les faux-pas de la Première dame. Carla est surnommée « la discrète » et veille à sauvegarder son indépendance. Une fois de plus, c'est l'effet anti-bling-bling de la reine qui est mis en avant. En même temps, l'article reste assez flou sur l'exercice de ses activités de Première dame. Dès lors, la question se pose à nouveau : quel est le rôle exact de la reine Carla ? Sous quel signe veut-elle placer son action ?

La reine Carla s'engage (enfin !)

1er décembre 2008

Il lui aura fallu un an de réflexion mais, cette fois, la reine Carla paraît avoir trouvé « sa » cause. À l'occasion de la Journée mondiale contre le sida, elle s'engage comme ambassadrice du Fonds mondial de la lutte contre le sida, la tuberculose et le paludisme. Avec franchise, l'épouse du souverain répond au magazine *Elle* et explique que cette cause la touche d'autant plus que son propre frère est mort de cette terrible maladie. Elle veut se mettre au service de cette cause mais pas en rester là. Selon elle, il s'agit de la partie la plus internationale de son engagement ; son engagement en France prendra d'autres formes. Mais il faudra attendre le début de l'année prochaine pour en savoir plus. Encore un peu de patience...

3 décembre 2008

De plus en plus audacieux, l'hebdomadaire *Point de Vue* dresse le bilan de « tout ce qu'on aime et de ce qu'on n'aime pas » dans le couple présidentiel. Au rayon des mauvais points, le magazine déplore les minauderies de Carla pendant les interviews, son obsession monomaniaque des tailleurs gris, ses photos mégalos sur le toit de l'Élysée et les CD offerts à la sortie du conseil des ministres. Parmi les effets positifs de la reine sur son époux, son rôle apaisant est, sans surprise et une fois de plus, mis en avant.

4 décembre 2008

Paris Match consacre un dossier au nouvel engagement de Carla dans la lutte contre le sida. Joliment intitulé « Au nom du Frère », l'article rappelle les paroles très intimes de la chanson « Salut marin » :

> Tu as fait ta malle, tu as mis les voiles
> Je sais que tu ne reviendras plus
> Marin, tu emportes avec toi toute notre enfance de cristal
> Et notre jeunesse de miel
> Et tous nos projets d'arc-en-ciel
> Et du cap Horn à Étretat, du Havre aux plages de Goa
> L'horizon à toi se rappelle.

Touchée dans sa chair par le drame, Carla estime qu'elle a une place légitime dans ce combat et déclare qu'elle s'investira dans la lutte contre ce fléau.

18 décembre 2008

Pour son premier voyage individuel, Carla a opté pour le Burkina Faso. Une fois de plus, elle choisit la voie de la discrétion dans son action. Tant pis pour les magazines qui auraient aimé trouver une nouvelle Lady Di, la reine Carla préfère ne pas jouer aux stars de l'humanitaire. C'est tout à son honneur.

30 décembre 2008

Chassez le naturel bling-bling et voilà qu'il revient au galop ! Nicolas et Carla sont en visite d'État au Brésil et décident de prolonger leur voyage par des vacances familiales. Pour planter le décor de ce périple sud-américain, il faut rappeler l'une de ces histoires dont la famille Bruni-Tedeschi a le secret. À la veille de ses trente ans et à la mort de son père officiel, Carla apprend qu'elle possède un père biologique. Stupeur de la belle ! Le papa en question se nomme Maurizio Remmert et vit à Sao Paulo. Dès lors, la vie de Carla bascule une fois de plus, en même temps que ses certitudes sont ébranlées. Où est le vrai, où est le faux ? Un bon mensonge vaut-il mieux qu'une vérité qui fait mal ? Faut-il toujours tout savoir ? Toutes ces questions sont du pain bénit pour le psy de la souveraine.

Dans le cas présent, le couple présidentiel aspire surtout à quelques jours de farniente. Il a opté pour un des complexes hôteliers les plus luxueux du pays afin de s'offrir des vacances de rêve à mille lieues de la grisaille parisienne. Il n'en faut pas plus pour que les accusations de « bling-bling présidence » reprennent dans la presse.

2 avril 2009

La journaliste Justine Boivin ouvre son papier sur Gala.fr en relevant la stupeur qui s'est emparée du 10 Downing Street. Il faut dire que certaines absences sont médiatiquement plus assourdissantes que certaines présences… Nicolas s'est retrouvé seul au repas du G20 à Londres pour participer à des agapes guindées auxquelles il ne s'est d'ailleurs pas attardé. Mais où est donc Carlita ? Qu'est devenue la reine Carla ? Le site relaie les questions et les conclusions souvent assassines des médias internationaux. Selon le site du *Spiegel*, la belle ne souffrirait pas la comparaison avec Michelle Obama, qui aurait beaucoup plus de chien qu'elle. Et les journalistes allemands de rappeler que, « il y a juste un an, elle régnait, seule et incontestée. Sa couronne était le petit chapeau en forme de boîte à pilules… et son sceptre, le sac à main Dior ». Depuis lors, la reine, ramenée au rang de brindille pâlotte, est tombée en disgrâce.

Pour le *Daily Mail* britannique, l'explication est à chercher ailleurs. Nicolas Sarkozy aurait craint « l'effet nain » s'il avait été confronté à l'épreuve de la photo avec les deux Obama et sa grande Carla. Un petit roi au milieu de trois géants ? « Jamais ! » se serait écrié Nicolas. Plus clément et surtout moins trash, *The Guardian* estime que Carla s'ennuie dans ce genre de manifestation où les programmes des épouses est affligeant de conformisme. Tout juste doit-elle se contenter de trotter docilement derrière son époux… ce qui n'est pas son genre ! Un doute subsiste : une Première dame peut-elle choisir quand elle décide d'apparaître ou pas ? Dans la France républicaine, la notion de « bon plaisir » héritée de l'Ancien Régime passe mal.

8 avril 2009

Le début de l'année a été calme pour la reine de France et c'est sur le plan international qu'elle refait parler d'elle. La tournée européenne de Barack Obama mène le président à Strasbourg où Carla daigne enfin apparaître au sommet de l'Alliance atlantique. De quoi désorienter les journalistes qui l'avaient attendue en vain au G20 de Londres. Son absence avait entraîné un véritable déchaînement médiatique. L'effet était d'autant plus désastreux que Carlita était devenue une véritable star outre-Manche après son premier voyage officiel et que son bibi était entré dans la légende du royaume. Perfides, les journaux anglais avaient affirmé que le président était à ce point complexé par sa taille qu'il aurait souffert d'être entouré par trois géants comme Barack et Michelle Obama et son épouse. *No comment* au palais et voilà qu'une fois de plus, Carla apparaît là où on ne l'attend plus.

Dans son papier, *Point de Vue* met l'accent sur la rencontre de Michelle et de Carla. Le magazine décrypte les images comme s'il s'agissait d'un match au sommet au cours duquel deux rivales se disputent l'aura de Jackie Kennedy. Au cours du premier rendez-vous, la reine Carla apparaît timide, presque effacée face à sa lointaine cousine de Washington. Ceux qui espéraient une joute d'élégante ostentatoire en sont réduits à se contenter d'un alignement presque parfait de deux traditionnelles petites robes noires. Carla est-elle impressionnée par cette femme intelligente et forte qui a accompagné l'ascension de son mari alors qu'elle est arrivée une fois le trône conquis ? Toujours est-il que la glace semble se fissurer un peu lorsque Michelle offre une guitare Gibson à Carla. Pour autant, il serait exagéré de parler de franche camaraderie entre les deux couples présidentiels.

28 avril 2009

Changement d'air et direction Madrid ! Plus que la rencontre Sarkozy-Zapatero, c'est le duel Carla-Letizia qui a suscité l'enthousiasme de la presse espagnole. *Libération* est même obligé de se plonger dans les subtilités du protocole pour expliquer pourquoi Carla et Letizia ne se rencontreront pas en tête à tête à l'occasion de ce voyage. De fait, son véritable homologue en terre hispanique n'est autre que la reine Sofia et c'est donc ensemble qu'elles poseront, même si la photo promet d'être moins glamour. Mais le journal *El Mundo* se fiche du protocole comme de sa première tortilla. Le quotidien s'intéresse au duel Carla-Letizia et dresse un portrait objectif des deux femmes en présence.

« Carla, 40 ans, taille 38, la reine indiscutable de l'élégance institutionnelle, son 1,78 mètre, son attrait pour le botox et le jogging, son style Jackie Kennedy et ses Tod's italiennes » ; en face, « Letizia, 36 ans, taille 36, sa discrète élégance, son 1,76 mètre que compensent de très hauts talons, son penchant pour les pantalons de flanelle et les retouches chirurgicales, son style Rania de Jordanie… » De toute évidence, la presse espagnole manie moins la langue de bois que son homologue française quand il s'agit de glisser dans la sphère *people*. Isolés au milieu de ce concert de paillettes, quelques politologues sérieux se désolent. Qui osera aborder les vrais sujets et arrêter de ramener le débat politique à la hauteur des talons des épouses des puissants ? Poser la question, c'est déjà y répondre.

De son côté, le magazine *Gala* fait son job et intronise Carla en véritable « princesse à la cour d'Espagne ». Pour l'hebdomadaire, il ne fait aucun doute que la Première dame a éclipsé tout le monde, y compris la princesse Letizia, sa « rivale » sur le chapitre du glamour. Le verdict des journalistes est sans pitié pour la princesse ibérique : Letizia n'ose rien si ce n'est quelques pièces mauves qui lui font un peu oublier le noir. De son côté, si Carla s'est embourgeoisée depuis son entrée à l'Élysée, elle se la joue plus « fashion » en osant des pièces racées. Carla victorieuse par KO face à Letizia ? En tout cas, la presse française en est convaincue !

29 mai 2009

Le Figaro Magazine a réuni les deux nouvelles meilleures amies de l'Élysée. Tant pis pour Anne-Aymone et Danielle (les deux autres membres du club très fermé des ex), c'est Bernadette qui rencontre Carla dans le petit salon vert du château. Les deux Premières dames posent, prêtes à se livrer au feu nourri des questions d'une interview qui promet de ne pas être polémique. Depuis leur rencontre estivale au Cap-Nègre, les deux épouses « de » ont tissé des liens au point de s'appeler de temps à autre. Elles évoquent leurs engagements humanitaires respectifs et les différences avec les autres First Ladies. Carla s'est étonnée en apprenant que madame Bush avait trente-sept personnes qui travaillaient avec elle et vingt-sept pour la reine Rania de Jordanie. En France, rien de tout cela ! Bernadette (la femme que le *Canard enchaîné* avait baptisée « Chichi impératrice ») précise que l'absence de statut pour la femme du chef de l'État ne l'empêche pas de jouer un rôle.

Quand on les interroge sur leurs bons et leurs mauvais souvenirs en qualité de Première dame, Bernadette revient sur l'épisode catastrophique de la dissolution de 1997 qu'elle n'a, de toute évidence, pas encore digéré. De son côté, Carla se défend d'avoir une influence politique sur son mari. « Je ne saurais conseiller mon mari sur un sujet aussi spécialisé que la dissolution, par exemple, la politique n'est pas théorique, c'est de l'expérience, un métier de terrain, et ce terrain n'est pas le mien. » Le message est passé : la nouvelle reine de France n'est pas une intrigante et elle est bien trop peu au fait des questions politiques pour y ajouter son grain de sel.

3 juin 2009

Carla n'a pas oublié qu'elle était d'abord une chanteuse. Une petite info filtre dans la presse en ce début de mois de juin : elle écrira un titre pour le nouvel album de Sylvie Vartan. Comme ça, nous sommes au courant.

6 juin 2009

Chouette, Barack et Michelle Obama sont en France ! À l'occasion des cérémonies liées à l'anniversaire du

Débarquement, les présidents français et américain se la jouent bons amis. De leur côté, Carla et Michelle ont évoqué leur combat contre le sida. Le couple présidentiel américain poursuit son séjour à Paris mais il semble distant par rapport aux Sarkozy-Bruni. La presse, trop contente de percevoir le malaise, attise le combat des chefs entre les deux présidents et le courant qui passe mal entre les deux Premières dames. Il se murmure que Sarkozy ne digère pas d'avoir dû lui abandonner la palme de la modernité…

14 juin 2009

Le couple élyséen fait le buzz ! Et la toile se marre en découvrant les aventures de Chouchou et Loulou, version présidentielle.

Top générique.

Carla accorde une interview à cinq lectrices de Femme actuelle *dans une louable attention de relations publiques. La Première dame se confie à ces dames et voilà que, oh surprise !, Nicolas pousse la porte pour venir s'assurer que tout se passe bien. Carla lâche sa première blague en disant :*

CARLA : « Et voilà, dès qu'il y a des filles… »

Nicolas sourit, embrasse Carla sur les lèvres et demande aux visiteurs :

NICOLAS : « Elle est en forme, hein ? »

Commence alors le dialogue entre les deux héros de la sitcom :

NICOLAS : « Je sors de ma douche parce que j'ai été faire du sport. »

CARLA : « On t'a pas vu ! Moi, je t'ai cherché… »

NICOLAS : « J'ai fait bien exprès ! »

Rires du public.

CARLA : « T'as fait exprès ? »

NICOLAS : « Oui, j'ai fait exprès pour vous laisser tranquilles… »

« Oooohhh » fait le public.

Et puis arrive la gaffe, la boulette… Une lectrice se trompe et appelle le chien présidentiel « Carla ». La Première dame corrige :

CARLA : « Clara, Clara ! »

NICOLAS : « Je suis content que ce soit vous qui la fassiez parce que… Clara, on nous l'a donnée au Québec. Elle avait un mois et j'ai fait une bêtise, je l'ai ramenée. »

Rires du public.

Le président, très décontracté, s'est assis sur un accoudoir et raconte le programme de sa journée. Alors qu'il se prépare à quitter la pièce pour aller rencontrer le Premier ministre irakien (il dit ça comme si nous allions, vous et moi, à la Poste), Carla lui lance un petit « bon courage mon chouchou ».

Top générique fin.

En quelques clics, la réplique devient culte. Personne ne croit à la spontanéité de la scène qui est comparée aux grandes heures des sitcoms AB Productions. Les gens sont méchants…

24 juin 2009

Il existe bel et bien une autre reine Carla… L'épouse ne se reconnaît pas dans les jeux alambiqués du pouvoir, elle préfère la musique, qui reste sa vraie raison de vivre. Son rôle d'épouse du chef de l'État n'est jamais qu'un rôle de plus pour une femme qui en a déjà connu beaucoup. Elle refuse de faire plus d'un voyage officiel par mois, histoire de garder du temps pour son fils, ses amis et sa musique. D'après ses proches, Carla a un « emploi du temps d'Africaine », ce qui serait une manière d'exprimer son indolence naturelle. Carla n'aime pas le stress, elle préfère étirer les journées et revendique sa lenteur. De tempérament mélancolique, elle estime que cet état d'esprit nourrit sa création. Et Nicolas dans tout cela ? On raconte que le soir des élections européennes, il a regardé (après avoir pris connaissance des principaux résultats) *Mort à Venise* avec sa femme. On est loin de l'image du souverain uniquement préoccupé de sondages…

Côté sécurité, Carla se contente d'une protection légère et, surtout, elle dispose d'une impressionnante collection de perruques qui lui permettent de sortir incognito. Carla B. entend préserver son jardin secret, l'éducation d'Aurélien et s'affranchir du tempo élyséen qui n'est définitivement pas le sien. Elle a versé 350 000 euros à sa fondation grâce aux ventes de son dernier CD. Elle s'insurge lorsqu'on chuchote qu'elle se dissimule derrière certaines nominations, notamment celle de son ami Christophe Girard. Mais elle ne s'empêche pas de conseiller son mari et, par moment, elle favorise des influences par « infusion ».

2 juillet 2009

Cette semaine, c'est *Le Point* qui met les pieds dans le plat. Le titre de l'hebdo fait son petit effet en kiosque en affichant un retentissant « Les copains de Carla ». Pour les journalistes, il s'agit de vérifier une rumeur qui enfle depuis plusieurs mois : le rôle réel ou supposé de l'épouse de l'ombre, de la reine trop peu mise en lumière. La récente nomination de Frédéric Mitterrand a délié pas mal de langues. Il faut dire que le même neveu de qui vous savez n'est pas étranger à la polémique. Il avait maladroitement reconnu que dans la compétition qui l'avait mené à la Villa Médicis, le rôle de Carla n'avait peut-être pas été anodin. Mais Frédo n'est pas le seul à devoir s'expliquer…

Philippe Val, l'ancien patron de *Charlie Hebdo*, a été nommé patron de France Inter. Le transfert paraît déjà étonnant en Sarkozye mais il fait d'autant plus parler que le nouveau boss de la station publique est un ami proche de Carla Bruni (qu'il a connue grâce à Raphaël Enthoven). Val se défend en affirmant qu'il n'a été nommé ni par Sarkozy ni par Carla !

Parmi les autres copains qui seraient désormais bien en cour, on trouve aussi le photographe Pascal Rostain ou encore le couturier des stars, Karl Lagerfeld. Le magazine évoque les dîners organisés par Madame qui ont permis à Monsieur de croiser des personnalités aussi peu Sarko-compatibles au premier coup d'œil que

Laurent Voulzy, Louis Bertignac, Julien Doré ou Julien Clerc. Nicolas a même accepté Franck Demules, le secrétaire « mousquetaire » de Carla qui la connaît bien. Entre le président et l'homme à fleur de peau, le courant passe bien. On chuchote que le président lit Borgès et qu'il va au Français ! Où est le Sarkozy qui voulait liquider Mai 68 et n'hésitait pas à se montrer en compagnie de grands esprits comme Faudel, Steevie et Mireille Mathieu ? Le nouveau roi Sarko se la joue intello-bobo et la reine Carla n'est pas étrangère à cette révolution de palais.

Reine par intermittence

11 juillet 2009

Une nouvelle fois absente… « L'absente », cela pourrait d'ailleurs être le titre d'une nouvelle chanson de Carla qui a boudé la première journée du G8 à l'Aquila en Italie. Elle arrive le lendemain soir et refuse de se mêler au programme des autres femmes de chefs d'État. Comment expliquer son comportement à première vue fort peu diplomatique ? Comme un signe de solidarité avec Veronica Lario, l'épouse de Berlusconi qui vient de demander le divorce, ou comme un aveu de faiblesse, pour ne pas souffrir de la concurrence de Michelle Obama ? Une chose est sûre, les médias italiens ne lui trouvent aucune excuse… Ils l'accusent de snobisme et même de goujaterie. Et quand la reine Carla affirme préférer aider de son côté les victimes du terrible séisme qui a frappé la région, certains journaux vont même jusqu'à lui jeter à la figure que sa générosité « pue »... Sarkozy tente de la défendre mais la messe est dite, Carla n'est plus la bienvenue dans son ancienne patrie.

14 juillet 2009

Pour son deuxième 14 juillet, Carla se confie à Jean-Claude Narcy de TF1 et révèle des petits secrets de sa vie de couple. Rassurez-vous, il n'y a rien de révolutionnaire... Carla explique qu'ils se calment mutuellement avec Nicolas et que le bonheur les apaise. Que c'est beau... Lors du défilé, le couple décidément très amoureux n'est pas avare de petits regards complices et de gestes tendres. Les présidents de la Ve République ne nous avaient pas habitués à un tel déferlement de tendresse en public. Mais ils ne pouvaient pas compter sur l'effet magique de la reine de l'amour !

16 juillet 2009

Dur, dur pour les rédactions de trouver chaque semaine une belle histoire à raconter en été. *Paris Match* titre sur les First Ladies et les reines les plus glamour de l'été. En couverture, Carla et Sheika Mozak Bint Nasser Al-Missned (l'épouse de l'émir du Qatar) sont tout sourire. Sans surprise, madame Sarkozy partage ce privilège avec Michelle Obama et Rania de Jordanie. En voyant Carla rencontrer la foule dans les ruines de l'Aquila, on ne peut douter qu'elle est bien une femme de cœur et non une beauté sur papier glacé. De là à en faire la sainte que certains magazines tentent de façonner, le bouchon est peut-être poussé un peu trop loin...

18 juillet 2009

Carla chante à New York pour le concert célébrant le quatre-vingt-onzième anniversaire de Nelson Mandela. Pour la première fois, une Première dame chante en direct, *on stage*, sur le sol américain, du jamais-vu ! Pour autant, sa prestation scénique plutôt discrète ne convainc pas vraiment, à l'exception de son premier fan, Nicolas Sarkozy. Pour une fois, c'est le président qui est demeuré dans l'ombre de son épouse.

Paris Match voit dans cette prestation la volonté de la reine Carla de devenir rock star. L'hebdomadaire rapporte les propos d'une amie de l'épouse du président : « L'an passé, raconte une de ses amies, elle a patiemment expliqué qu'elle était amoureuse d'un homme qui s'avère être le président de la République. Elle a eu le sentiment de devoir faire passer la pilule auprès du public, elle a joué le jeu… Pour, au final, récolter quoi ? Tous ses propos sont déformés, analysés, décortiqués… Ça ne l'intéresse plus. Moins elle s'exprime, mieux elle se porte. »

Qu'on se le dise, la reine Carla est une femme indépendante et personne ne peut l'obliger à faire ce qu'elle n'a pas envie de faire. Son ambition n'a jamais été de vivre sous les ors de la République du matin au soir. Grâce à elle, le couple présidentiel brille désormais par sa discrétion. Quand ils vont au concert, ils arrivent toujours après le début et veillent à partir avant la fin. Et quand elle organise des dîners plus intimes, Carla s'attache à faire rencontrer à Nicolas des mondes qu'il ne connaissait pas. Elle est une reine d'ouverture qui s'assume, dans tous les sens du terme.

23 juillet 2009

En été, même les hebdomadaires sérieux apprécient le farniente… En association avec RTL, *Le Nouvel Observateur* titre sur « Les femmes de pouvoir ». Dans la foulée de *Marianne* qui avait comparé Carla à madame de Pompadour, l'hebdomadaire rappelle que, conformément à celles qui l'ont précédée, madame Bruni ne doit sa fonction de Première dame qu'à son élection dans le cœur du prince. En clair, sa fonction a beau être glamour, elle ne légitime en aucun cas un rôle effectif dans la gestion des affaires du royaume.

29 juillet 2009

Nicolas a été victime d'un malaise vagal. Le coup est rude pour un homme hyperactif que l'on jugeait nettement plus solide et la presse en fait ses choux gras. Sur les conseils de ses médecins, le souverain se remet de son malaise à Versailles tandis que son épouse doit affronter un vent mauvais qu'elle n'avait pas vu venir. Depuis quelques jours, la reine Carla encaisse les accusations de la presse anglaise qui la considère comme la principale coupable de la baisse de régime de son mari. Comme jadis Isabeau de Bavière, soupçonnée d'avoir été à l'origine de la folie de son époux Charles VI, c'est la reine qui est désignée coupable des faiblesses de son époux. Apparemment, les tabloïds n'ont pas digéré l'absence de la souveraine française lors du dernier rendez-vous en terre d'Angleterre pour le G20.

Pour son deuxième été de mariage, le couple souverain reprend la route du Cap-Nègre. L'Élysée affirme que le président veut surtout se reposer et trouver la tranquillité. Pour l'occasion, le souverain, jadis doté d'un petit bourrelet, présente une nouvelle ligne irréprochable. On murmure même qu'il aurait fait une croix sur ses chers petits chocolats anti-stress. Toutefois, il fera moins de sport cette année et profitera de cette petite alerte de santé pour lézarder dans la propriété de la famille Bruni-Tedeschi.

3 août 2009

Christine Clerc du *Figaro* livre un point de vue intéressant sur le modèle Carla. Depuis son entrée sur la scène politique, la reine n'a jamais été prise en flagrant délit de défaut d'élégance. Elle apparaît parfaitement contrôlée et définitivement professionnelle. Toutefois, le rendez-vous avec le peuple semble moins facile que celui avec les photographes. Les Français attendent de leur reine qu'elle témoigne davantage de compassion et qu'elle descende enfin du catwalk pour entrer dans la vraie vie. Mais il n'est pas facile de mener de front une vie de star et de Première dame !

26 août 2009

Les vacances 2009 ont été calmes… trop calmes pour des magazines en quête de sensations fortes. Le roi Nicolas apparaît souriant et apaisé. De son côté, la reine Carla est sereine et apaisante. En publiant un cliché du président avec une barbe de trois jours, *Point de Vue* s'extasie. On n'avait jamais vu Sarkozy comme ça ! Le couple présidentiel a retrouvé deux « vieux amis », en l'occurrence le roi Abdallah de Jordanie accompagné de son épouse Rania. La plus belle Première dame du monde qui accueille la plus belle reine du monde, l'événement offre un superbe cliché qui plaît aux rédactions.

Les deux femmes sont de la même génération (de jeunes quadras) et ont en commun la passion de la mode et une ligne irréprochable. Mais Rania a pris une longueur d'avance sur Carla sur le chapitre internet... La souveraine jordanienne est une fan de Twitter où elle raconte sa vie au jour le jour. Les fans adorent ! Et Carla, quand se décidera-t-elle à devenir, elle aussi, une geek-queen ?

27 septembre 2009

Exit Valérie Damidot, Carla nous révèle son Élysée intime à la une de *Gala*. La Première dame – qui pose avec sa chienne Estrie – reconnaît avoir pris son temps pour s'imprégner des lieux et appréhender sa nouvelle fonction. Carla a jeté son dévolu sur « l'aile Madame » du palais, celle-là même où travaillait jadis Bernadette Chirac, la madone des pièces jaunes. La reine nomade qui réside d'ordinaire dans son hôtel particulier aime investir son palais le week-end avec les jeunes de cette famille recomposée (Aurélien et Louis) et le chihuaha Toumy, sans oublier le labrador Estrie offert par la communauté française de Montréal. Carla reçoit en moyenne mille lettres par mois et invite régulièrement des acteurs engagés dans le champ social. Il ressort de ce reportage comme une vague impression d'ennui au sommet de l'État, comme si l'ouragan Bruni avait cédé la place à une normalité de bon ton.

21 octobre 2009

Il était temps ! Un nouveau duel fait la une des magazines *people* et il promet d'être sanglant. Oublié le match Carla-Cecilia, enterrée la guéguerre Carla-Michelle... Cette fois, c'est le clash Carla-Rachida qui passionne. L'ex-garde des Sceaux vient de lancer sa nouvelle association « C'est à vous ». La soirée est accompagnée d'un gala de bienfaisance où le prix des tables a été fixé à 10 000 euros. De l'avis de tous les participants, la soirée a remporté un véritable succès. On y a croisé nombre de *people* comme Bernadette Chirac, Line Renaud, Jean-Pierre Raffarin, Patrick Bruel, Laetitia Hallyday et, bien sûr, tout le clan Dati.

Rachida a signé un coup de maître et enfonce le clou : « Cette association est le fruit d'une expérience personnelle, d'une expérience et du refus de la fatalité. » L'ex-ministre et ancienne amie de la reine Cécilia veut prouver qu'il est encore possible de vivre ensemble en France... Un message qui n'est pas sans évoquer la fondation de Carla Bruni pour la culture et l'éducation. Pour autant, le programme précis de sa fondation se fait encore attendre et son implication dans la vie réelle reste particulièrement floue. Et les journalistes de s'interroger : la reine Carla ne serait-elle définitivement pas trop indolente pour jouer un rôle public de premier plan ?

28 octobre 2009

Une fois de plus, Carla surgit là où on ne l'attend pas. Gérard Miller, le psy des stars et la star des psys, signe un documentaire sur la psychanalyse et accueille, parmi ses témoins, la Première dame, prête à se confier sans fard sur cet aspect important de sa personnalité. L'ancien chroniqueur de Laurent Ruquier répond aux questions de *VSD* et garantit la sincérité de Carla Bruni qui est une véritable « femme engagée » dans le domaine de la psychanalyse. Elle explique qu'« être en analyse est plus un acte de force que de faiblesse ». En dévoilant cet aspect encore méconnu de sa personnalité, Carla joue la transparence et révèle une grande honnêteté intellectuelle. Mais elle ne se rapproche pas de cette France d'en bas, jadis louée par Jean-Pierre Raffarin et quotidiennement célébrée par Jean-Pierre Pernaud au journal de 13 heures. Cerise sur le gâteau de Herr Freud, Carla renforce encore davantage son image de souveraine bobo…

La reine Carla guillotinée ?

29 octobre 2009

Après une accalmie, la presse ne lâche plus le couple présidentiel… Et toujours, c'est la dérive monarchiste qui est mise en avant. *L'Express* titre sur « Les secrets de la cour » et présente le trio emblématique de cette nouvelle France versaillaise : le roi Nicolas, la reine Carla et le prince Jean. Il faut dire que l'affaire de l'Epad a fait couler beaucoup d'encre et que le chef de l'État n'a pas encore reconnu son erreur de jugement. Le postulat des journalistes est simple : le président concentre beaucoup trop de pouvoirs et il est désormais totalement coupé des réalités. Le souverain est entouré de flatteurs et la tentation dynastique est grande. Dès lors, pourquoi faudrait-il que Jean fasse des études alors qu'il porte un nom censé lui ouvrir toutes les portes ? Éric Besson ne va-t-il pas jusqu'à s'exclamer : « Beaucoup de fées se sont penchées sur son berceau », suivi par Isabelle Balkany : « Il est le meilleur d'entre nous » ou André Santini : « Modeste. Intelligent. Émouvant. Il a dû souffrir beaucoup […]. Je souffre pour lui. Je souffre aussi pour son père. »

Mais par-delà l'affaire Jean Sarkozy, c'est le personnage de Carla qui est aussi visé. Le bal des courtisans se garde bien de le lui dire en face, mais dans les couloirs du palais, il se murmure que le président aurait changé. Si l'automne politique a été tellement agité pour le président, il est temps de dénoncer la principale coupable et celle-ci n'est autre que la ci-devant reine Carla. Et l'hebdomadaire de citer l'abandon des tests ADN, l'amorce de soutien élyséen à Roman Polanski ou encore l'affaire Mitterrand... Derrière toutes ces affaires apparaît chaque fois le spectre de Carla, la souveraine rebelle aux fondamentaux de la droite. Lors du voyage à New York pour la session annuelle des Nations unies, le président n'a pas convié la délégation officielle à déjeuner. Comment expliquer ce manquement à tous ses devoirs ? Sa Majesté a préféré rester pendant tout le vol avec sa chère Carla ! Aucune de toutes ces calamités ne s'abattrait sur le royaume de France si Nicolas n'était pas sous la coupe de son épouse ! Certains osent même affirmer qu'il n'aime plus ses électeurs et qu'il s'amuse désormais davantage avec un intello de gauche qu'avec un élu UMP.

À part Carla elle-même, qui ose encore prétendre que la reine n'exerce pas d'influence sur le chef de l'État ? Le conseiller du président, Henri Guaino lui-même, pourtant très bien en cour, reconnaît sur Canal + qu'« elle en a sans doute beaucoup plus que lui ». Toujours selon *L'Express*, un responsable UMP aurait lâché ce jugement sans appel : « Nicolas est subjugué par une femme mannequin, plus riche que lui, mondialement connue et qui constitue une prise de guerre, puisqu'elle vient de la gauche. » D'ailleurs, quand on surfe sur le site de la Première dame, on ne trouve trace que de deux membres de gouvernement mis à l'honneur : Martin Hirsch et Fadela Amara, qui sont loin d'être les plus droitiers de la bande ! Cette fois, l'attaque est frontale et s'inscrit clairement dans la tradition des reines de France vilipendées pour la mauvaise influence qu'elles sont censées exercer sur leur époux.

28 octobre 2009

La veille de la sortie de *L'Express*, c'est *Point de Vue* – notons que les deux magazines appartiennent au même groupe de presse – qui marque le coup. La couverture présente Carla « sur un air de Marie-Antoinette ». Le magazine s'amuse à présenter un étonnant parallèle entre un tableau de Vigée-Lebrun et une photo de la Première dame au palais de Westminster. Puis tout y passe : la passion pour la mode et les artistes, la petite cour des favorit(e)s, les railleries des pamphlétaires et le rôle de la maman. Le magazine qui l'avait adoubée à son entrée en France ne se gêne plus pour la mettre en cause aujourd'hui. Que s'est-il passé en vingt-quatre mois ? La couronne de diamants est-elle devenue une couronne d'épines ?

1er novembre 2009

La couverture accroche le regard mais brouille les pistes ! *L'Écho des savanes* titre sur la légende de sainte Carla. Exit la reine, vive la bienheureuse ! Le magazine explique comment un ex-top model est utilisé pour reconstruire l'image du président de la République. Il se défend d'avoir quelque chose contre Carla mais constate seulement que « ce mannequin jet-set qui susurre des petites chansons est aujourd'hui l'actrice principale d'un grand film hollywoodien (mais bien français) ». Dans les pages de son dossier, le mensuel s'amuse à répertorier les petites phrases de Carla avant et après son accession au trône. Et comme l'affirment les indécrottables machos, souvent femme varie et il n'y a aucune raison que Carla échappe à la règle.

En affichant l'image sanctifiée de la présidente, le magazine fait écho à une image de plus en plus répandue dans l'opinion. À force de baisser les yeux avec timidité en public, de porter des tailleurs gris et de faire des miracles en adoucissant l'image de son cher époux, Carla est en passe d'accéder au statut de sainte. D'ici à ce que Benoît XVI soit sollicité, il n'y a qu'un pas que certains franchissent déjà. Tout cela serait fort bien, comme un top model au paradis, sans ce petit détail : sainte Carla, personne n'y croit, et son image royale trop lisse commence à lasser, même ses plus fervents supporters.

23 novembre 2009

Carla Bruni est invitée par Michel Denisot dans son *Grand Journal*. L'animateur lui demande : « Est-ce que vous influencez votre mari dans tous les domaines ? » Carla réfléchit une seconde, puis lui répond : « Bof ! Pas dans son travail en tout cas. Dans les autres domaines, oui sans doute. Est-ce que j'aime ou non ce pull, par exemple. Mais sinon, en général, il fait tout ce qu'il veut tout seul. Il est grand, vous le savez ! »

1er décembre 2009

Comme chaque année à pareille date, le monde se souvient que le sida reste un fléau mortel qui doit continuer à être combattu. En sa qualité d'ambassadrice de la cause, Carla Bruni-Sarkozy accorde une interview à TV5 Monde. La reine n'hésite pas à faire appel à son vécu personnel pour apporter son témoignage. Elle évoque la mémoire de son frère Virgilio, mort en 2006, mais aussi les ravages provoqués par le virus dans le monde de la mode. Avant d'être reine, le mannequin a été en première ligne pour le constater. Carla a publié la veille une tribune dans *Le Monde* pour appeler à fournir d'ici à 2015 un traitement à toutes les femmes porteuses du virus pour empêcher la transmission mère-enfant. Côté symbole, deux grands rubans rouges ont été accrochés à la façade de l'Élysée.

9 décembre 2009

C'est *Le Parisien* qui rapporte la dernière anecdote élyséenne survenue mardi 8 décembre vers dix-huit heures. Alors que Nicolas Sarkozy remet la Légion d'honneur à Dominique Farrugia, le tout-Paris médiatique se croise dans les couloirs de l'Élysée. Après les discours, le président se dirige vers Marc-Olivier Fogiel et l'attaque tout de go sur une interview de Carla Bruni. L'animateur d'Europe 1 lui a demandé si elle aurait épousé Nicolas s'il n'avait pas été président. Le monarque lui reproche sa question et ajoute, menaçant : « Je m'en souviendrai ! » Le président semblait décidément de très mauvaise humeur ce jour-là puisqu'il avait déjà fait référence à l'humour « non partisan » de Canal + lors de son discours. D'après les témoins présents lors de la manifestation, le roi Sarkozy n'aurait même pas salué Bernard Méheut, le patron de la chaîne. Ambiance au château !

13 décembre 2009

À quelques jours de Noël, la reine Carla se dévoile dans l'émission d'Harry Roselmack *7 à 8*. Elle évoque son image lointaine ressentie par les Français ainsi que les comparaisons souvent faites avec madame de Pompadour ou Marie-Antoinette. Elle se défend d'avoir une quelconque influence politique sur son mari (« Je suis assez ignorante en politique ») et préfère évoquer leur vie quotidienne (« Notre vie personnelle est douce, calme et tranquille »). En souriant, elle affirme que les jeunes mariés préfèrent généralement être seuls. Elle confie aussi apprécier les conseils que lui prodigue Bernadette Chirac. L'ancienne Première dame compare l'Élysée à un palais de glace où tout finit toujours par se savoir. Confidence plus étonnante, Carla révèle que la chanson préférée de Bernadette dans son répertoire est « Tu es ma came ». Elle explique que ce choix n'est pas étonnant et que Jacques doit vraiment être la « came » de Bernadette pour que leur couple possède une telle histoire.

A-t-elle changé dans l'exercice de ses activités officielles ? Carla admet s'être appliquée à faire mieux après le premier voyage en Afrique du Sud. Mais elle réfute l'accusation d'en avoir trop fait lors de la visite à Londres (« Je ne vais pas mâcher un chewing-gum en short devant la reine d'Angleterre »). Carla conclut l'entretien en évoquant son mari (« un homme qui s'engage des pieds à la tête ») qui est un personnage exceptionnel (« Je suis contente pour les Français qu'ils aient mon mari »). Et quand on lui demande si c'est la femme amoureuse qui parle, elle le nie et demande au journaliste s'il connaît son mari. Parce que, quand on connaît Nicolas, on comprend qu'il n'est pas un homme comme les autres. D'ailleurs, Carla ajoute cette confidence qui surprend dans la bouche de cette ancienne sceptique du couple : « Je suis mieux avec lui que seule. »

DEUXIÈME PARTIE

La reine Carla dans la grande galerie des souveraines de France

Le grand livre des rois et des reines de France

Le 13 décembre, Carla répond à une longue interview sur TF1. Le journaliste lui rappelle qu'elle a souvent été comparée à madame de Pompadour ou à Marie-Antoinette et lui demande son avis sur le sujet. En ce qui concerne la Pompadour, Carla répond qu'il s'agissait d'une courtisane, ce qui n'est pas son cas. Quant à Marie-Antoinette, Carla explique qu'elle était l'épouse du roi, née dans une grande famille autrichienne. Or, Nicolas n'est pas roi puisqu'il a été élu par les Français. Et si elle reste courtoise, le ton de sa voix traduit un certain agacement sur le sujet.

Dans l'édition 2050 du grand livre des rois et des reines de France, nous lirons pourtant ces quelques lignes :

> Carla Bruni, née le 23 décembre 1967 à Turin et reine de France depuis le 2 février 2008. Suite à unc carrière féconde dans les domaines de la mode et des arts de la variété et après avoir exploré la carte du Tendre jusque dans ses recoins les plus inexplorés, Carla Bruni rencontre Nicolas Ier, sixième souverain de la Ve République récemment séparé de sa précédente épouse, la princesse Cécilia de Neuilly. Le nouveau couple convole quelques jours plus tard au palais de l'Élysée.

Dès son accession au trône, Carla entreprend son apprentissage de souveraine. Elle a conservé de son enfance l'habitude des palais, de l'entretien d'une grande maison et des serviteurs, ce qui facilite son acclimatation au protocole républicain. Accompagnant le souverain à travers le monde, Carla rencontre ses nouveaux cousins au cours de plusieurs visites officielles qui suscitent un grand engouement médiatique. Elle découvre l'Afrique australe et est présentée à la reine Elizabeth II lors d'une fastueuse visite officielle. Elle est présentée à la reine d'Espagne et fait assaut d'élégance avec la princesse des Asturies, Letizia, l'épouse du prince Felipe.

La nouvelle souveraine décide de ne pas emménager à temps plein à l'Élysée, préférant demeurer dans sa résidence privée. Elle veille à l'organisation des célébrations officielles et apporte un soin particulier à la supervision des repas. Dans les premiers mois de son règne, elle doit affronter des oppositions à la cour. Dame Rachida que l'on présentait comme fort proche du Soleil est contrainte de quitter le palais. Les uns après les autres, les anciens soutiens de la princesse Cécilia tombent en disgrâce. La réalisation de l'un de ses premiers portraits de cour, signé Annie Leibowitz, provoque également un grand émoi. Par la suite, elle se consacre à ses activités de prédilection, à savoir le chant et la fréquentation des artistes les plus en vue de son temps. Pour autant, la reine Carla concentre ses activités de mécénat sur sa propre carrière en sortant un nouveau CD intitulé *Comme si de rien n'était.*

Marchant sur les traces des anciennes souveraines de France, Carla se consacre aussi à des activités caritatives. Elle choisit la lutte contre le sida et entreprend des voyages à travers le monde pour promouvoir sa cause. De manière plus discrète, elle s'attaque aussi au fléau de l'illettrisme. Une année après son couronnement, la reine Carla doit essuyer les premières critiques sévères. Ses adversaires lui reprochent son manque d'implication dans sa tâche de représentation. Elle décide de ne pas accompagner son époux lors de certaines visites officielles et alimente la rumeur. Son absence à Pékin revient-elle à une condamnation de l'empire du milieu ? Cette thèse est accréditée par une rencontre au sommet entre la reine de France et le Dalaï Lama, souverain des Tibétains en exil. Les plus critiques l'accusent d'être une souveraine « quand cela lui chante » et de mener une existence trop futile, plus préoccupée par ses toilettes et les subtilités de la poésie que par les souffrances de son peuple. De leur côté, les pamphlétaires se moquent aussi de son phrasé si particulier ainsi que de son insolente beauté. Le spectre de Marie-Antoinette plane dans les couloirs de l'Élysée.

Les courtisans du palais lui reprochent sa fréquentation assidue de cercles dissidents. Son soutien au cinéaste Roman Polanski compromis dans une ancienne affaire de mœurs et son appui inconditionnel au ministre en charge de la culture désoriente les soutiens traditionnels du parti majoritaire. Certains commencent à reprocher à la nouvelle souveraine d'influencer son époux dans la marche des affaires. À l'instar d'Anne d'Autriche ou de Marie de Médicis, la reine Carla est soupçonnée d'être devenue la nouvelle éminence grise du palais.

La suite de la notice biographique reste à écrire mais il n'est pas trop tôt pour jeter quelques passerelles dans le temps. Entre le XXIe siècle et les grandes heures de la monarchie des lys, ce ne sont pas les parallèles qui manquent. Quelles sont les grandes inspiratrices de Carla, reine de France ?

La reine Carla-Antoinette

Décriée comme Marie-Antoinette

Il y a quelques mois encore, la comparaison entre Carla et Marie-Antoinette aurait paru saugrenue. Pourtant, au fil du temps, le jeu de miroir renvoie des reflets de plus en plus semblables au point de devenir troublants.

Toutes deux nées pour régner

Quand Marie-Antoinette arrive en France, elle se sait promise à régner un jour sur la cour la plus brillante de son temps. Si la monarchie a emménagé à Versailles depuis Louis XIV, c'est toujours la cour des Bourbons et leur capitale, Paris, qui donnent le ton en Europe. Les élégantes se damneraient pour acquérir les plus belles toilettes que les couturiers y façonnent de leurs mains expertes. C'est dans les couloirs du plus fastueux palais d'Europe que sont lancées les modes qui feront bientôt tourner la tête de tous les princes de la chrétienté. Au début, Marie-Antoinette est jeune et écervelée mais elle a été élevée pour occuper le rang qui lui échoit. Fille de la puissante impératrice Marie-Thérèse, la princesse est née dans un palais et est destinée dès son plus jeune âge à y poursuivre sa vie.

En épousant Nicolas Sarkozy, Carla Bruni sait qu'elle deviendra la Première dame la plus scrutée d'Europe. En ce début de XXIe siècle, la monarchie républicaine continue à veiller sur la destinée de la France au cœur de Paris, dans le palais de l'Élysée. Élevée dans les plus belles demeures entre l'Italie et la France, il en faut plus que les ors des palais de la République pour impressionner la nouvelle Première dame. Une fois au sommet de l'État, elle pourra donner le ton en matière de mode et de tendances, comme elle l'a toujours fait quand elle était un mannequin de premier plan. Les autres First Ladies européennes auront alors tout loisir de s'inspirer de son élégance pour adopter le style « Carla B. ».

Deux étrangères en terre de France

Étrangère. Jusqu'à la dernière minute de son existence, Marie-Antoinette sera poursuivie par cette tare rédhibitoire qui ne lui laissera aucun répit. Son mariage s'inscrit dans la grande tradition des unions dynastiques, reposant sur un savant calcul politique où se mêlent l'ambition et la volonté d'établir des alliances bénéfiques pour la France. Et même si l'heure est au rapprochement franco-autrichien, elle n'abandonnera jamais cette étiquette pesante d'étrangère au point de la voir se transformer en un des principaux chefs d'accusation lorsqu'elle sera jugée. Autrichienne de naissance, Marie-Antoinette ne peut être qu'une traîtresse en puissance. Les caricatures abondent pour dénoncer ses origines honteuses.

Étrangère. Carla Bruni assume sans problème ce statut qui la poursuit depuis son enfance. Née en Italie, elle vient vivre en France pour échapper à la pression du terrorisme. Dès lors, elle s'habitue à cette délicieuse sensation d'être en même temps ici et pas tout à fait présente. Capable de sauter dans un jet pour partir à l'autre bout du monde et passant sans effort d'une langue à l'autre. En choisissant une épouse alors qu'il est déjà au pouvoir, Nicolas Sarkozy fait sienne une antique tradition des rois de France. D'ordinaire, les présidents de la République sont déjà mariés depuis longtemps lorsqu'ils parviennent à la charge suprême. Parfois d'origine modeste, les couples ont vécu ensemble le long parcours semé d'embûches, de meetings enthousiastes et de réunions dans des arrière-salles de café souvent pathétiques, de trahisons et de couleuvres avalées qui leur ont permis de s'élever. Nicolas a épousé Carla, une femme issue d'une grande famille et beaucoup plus riche que lui. À sa manière, il a contracté une alliance qu'il considère valorisante pour sa fonction et pour la France. Quant à l'aspect jet-set de Carla, il ne fait que traduire la nouvelle noblesse de son époque, celle qui se fiche de ses blasons mais qui s'affiche à la une des magazines en papier glacé.

Deux icônes de la mode

L'impératrice l'a assez reproché à sa fille : Marie-Antoinette est trop dépensière et excessivement préoccupée par la mode ! En effet, dès son arrivée en France, la jeune fille a l'ambition de donner le ton en matière de tendances à la cour. Soucieuse de son image et consciente de sa beauté, la princesse devenue reine lance les modes au risque de faire tourner la tête des femmes de la cour qui peinent à suivre le train d'enfer qu'elle impose au catwalk versaillais. Tour à tour, Sa Majesté penche pour des tenues exubérantes alliant des paniers gigantesques, une débauche de rubans fleuris et des chignons aussi haut perchés qu'emplumés. À d'autres moments, la reine préfère des robes plus simples qui renvoient l'image d'une paysanne simple et chic. Elle accorde sa confiance à sa modiste Rose Bertin qui comprend et anticipe les goûts de sa royale cliente. La modiste excelle dans l'art raffiné des accessoires qu'affectionne tant la souveraine. Marie-Antoinette « craque » littéralement pour les rubans et les bonnets. L'heure est au rococo et à la débauche, cela tombe bien car Sa Majesté n'est guère avare lorsqu'il s'agit de mettre en avant les atouts dont la généreuse nature l'a dotée.

Nul ne connaît mieux la mode que Carla Bruni ! L'élégance a longtemps été son métier et elle sait mieux que quiconque que pour bien porter un vêtement, il faut d'abord savoir l'habiter. Rose Bertin n'est plus de ce monde mais Carla a trouvé d'autres muses pour se mettre en valeur. Elle accorde sa confiance à la maison Dior et aux doigts de fée de John Galliano. Le créateur est à l'origine du look très Jackie Kennedy qui a fait sensation lors de la visite d'État en Angleterre. L'image de la reine Carla est désormais étroitement liée à son bibi tambourin et au jersey gris clair. Les deux Premières dames ont en commun la passion de la mode mais Carla en maîtrise tellement bien tous les codes qu'elle ne risque pas de se faire dévorer par elle. Pour autant, il reste difficile de faire la part des choses entre la volonté de faire honneur à son pays en présentant son meilleur visage ou l'expression d'une simple futilité personnelle. Vanité ou respect dû à la fonction, la frontière est ténue et l'on peut à tout moment glisser dans un excès que le bon peuple ne pardonnerait pas.

Deux femmes de pouvoir

Selon la rumeur publique, le faible Louis XVI n'a d'autre tort que d'être influencé par son épouse, l'intrigante Marie-Antoinette. L'étrangère n'a de cesse de lui vanter les intérêt de Vienne au détriment de la France. Marie-Antoinette est accusée de privilégier son cercle de protégés qu'elle comble de bienfaits au détriment de personnages de qualité. Au grand désespoir de la France, une Lucrèce Borgia enrubannée règne sur Versailles. Pourtant, il semble que le vrai rôle de Marie-Antoinette n'ait pas été aussi déterminant. Louis XVI préfère cantonner sa femme à un rôle de représentation et n'écoute guère ses conseils, en tout cas au début de son mariage. La monarchie française est méfiante envers le sexe faible auquel elle ne reconnaît que le droit de jouer un rôle reproducteur et ornemental.

Nombre d'élus de l'UMP en sont convaincus. La dérive gauchère du pouvoir élyséen est liée à l'influence néfaste de la reine Carla Bruni-Sarkozy. On lui doit la nomination de Philippe Val à France Inter et celle de Frédéric Mitterrand rue de Valois, la défense de Roman Polanski et la déconnection du chef de l'État de son socle électoral. Papillonnant entre ses préoccupations d'artiste, le choix de ses toilettes et des questions liées à la psychanalyse, Carla apparaît bien loin des préoccupations du commun des mortels. Elle a beau incarner l'ingénue comme Marie-Antoinette qui jouait jadis aux fermières dans son domaine versaillais du Petit Trianon, ses adversaires voient en elle un monstre d'ambition coupable d'annihiler la haute volonté présidentielle.

Deux femmes objets de toutes les railleries

Paris rit, Paris se moque, Paris crucifie l'Autrichienne au fil des innombrables pamphlets et caricatures qui fleurissent au coin des rues et dans l'atmosphère feutrée des salons. On lui prête tous les péchés, toutes les erreurs, toutes les trahisons. Dépensière, futile, cruelle, traîtresse, comploteuse… On va jusqu'à accuser d'inceste la « catin » qui ne peut être qu'une mauvaise mère. Et quand ce ne sont pas les caricatures qui la clouent au pilori, c'est au tour des chansons de se moquer de la diablesse en panier fleuri. Marie-Antoinette a été tout au long de sa vie blessée par la méchanceté de ces attaques. D'une certaine manière, celles-ci finiront par la tuer.

Certes, la reine Carla n'est pas encore au pied de l'échafaud. Les temps ont heureusement changé et les attaques des Guignols de l'Info qui la présentent comme une fausse ingénue, fausse naïve et fausse modeste uniquement préoccupée du bonheur de son « amoureux » ne sont pas mortelles. Le plus souvent, les caricaturistes se moquent de sa différence de taille avec son époux et de son côté bobo. Pour autant, l'image d'une Première dame déconnectée des réalités et faisant partie intégrante du plan de com' de son mari fait peu à peu son chemin dans l'opinion.

Visite officielle à Windsor, le 26 mars 2008. Très souriante, Carla Bruni-Sarkozy se soumet au traditionnel trajet en carrosse royal. Pour l'épouse du président français, cette immersion dans la monarchie la plus protocolaire d'Europe prend des allures de sacre.

Côté « look », la reine Carla opte pour une tenue grise et sage.
La référence à Jackie Kennedy est évidente.

En compagnie de la reine Elizabeth, la reine Carla accomplit un sans-faute, même dans l'exercice subtil du portage de sac à deux mains.

Les deux couples se retrouvent pour le dîner d'État.
De toute évidence, le duc d'Édimbourg est sous le charme de la First Lady française.

Pour son premier 14 juillet, la reine Carla opte pour le violet et paraît impressionnée.
Peut-être pense-t-elle aux funestes conséquences du 14 juillet pour une autre reine de France, à la fois élégante et artiste, Marie-Antoinette ?

La reine Carla choisit ses engagements. À ce titre, elle n'aurait pas manqué la rencontre avec le Dalaï Lama, chef spirituel des Tibétains, en France, en août 2008.
Pour l'occasion, elle porte la khata, la traditionnelle écharpe blanche, symbole de félicité.
© Chamussy/Sipa

Au fil des mois, la reine Carla multiplie les activités officielles. Le 14 juillet 2009, elle a gagné en assurance pour sa deuxième fête nationale et discute avec l'épouse du Premier ministre indien.
© Guillaume Gaffiot/Visual Press Agency

Avant l'arrivée de Carla sur la scène politique internationale, la reine Rania de Jordanie portait le titre convoité de « plus belle reine du monde ». Carla partage avec la souveraine hachémite la beauté, une ligne parfaite et le goût des belles toilettes. Apparemment, le courant passe bien entre les deux souveraines, au point de se rencontrer pendant les vacances.

© Nieboer/Picture Press Europe/Sipa

Le voyage en Espagne en avril 2009 déchaîne les passions des journalistes ibériques qui comparent la reine de France à l'infante espagnole C'est à qui sera la plus mince, la plus élégante, la plus royale et... la plus naturelle. Bilan du « match » ? Letizia l'emporte clairement pour ses compatriotes, alors que pour les Français, c'est Carla qui sort victorieuse de cette compétition au sommet.

© Ballesteros/Epa/Corbis

Carla a succédé à Bernadette sur le trône de France. Du « look » au style en passant par les pièces jaunes et l'implication politique, difficile d'imaginer deux figures plus opposées. Pourtant, la première ne manque pas une occasion d'insister sur les bons conseils que lui prodigue la seconde ; et cette dernière de mettre en avant les qualités humaines de la première.
Entre la reine douairière et la nouvelle venue, l'heure est à l'entente cordiale.

Chaque visite officielle – comme ici en compagnie de Wafaa Sleiman, l'épouse du président libanais – est l'occasion pour la reine Carla de donner libre cours à sa passion pour la mode. À ceux qui lui reprochent une trop grande attention pour les vêtements, Carla répond qu'elle est aussi une ambassadrice du goût français.
© Yoan Valat/Visual Press Agency

Avec l'émir du Qatar Cheikh Hamad bin Khalifa Al Thani et son épouse Cheikha Mozah bint Nasser Al Misnad, la reine Carla dévoile sa ligne impeccable. L'image de Madame Sarkozy se révèle souvent plus efficace pour la réputation de la France que de longues tractations diplomatiques.
© Guillaume Gaffiot/Visual Press Agency

Michelle Obama et Carla Bruni-Sarkozy lors de la venue en France du couple présidentiel américain en juin 2009. La rencontre entre les deux reines qui se disputent le titre de « souveraine la plus moderne de la planète ».

© Marchi Alexandre/Eyedea

La cour de ces deux dames

Quand elle en a assez de Versailles et de ses intrigues, Marie-Antoinette se refuge dans son Petit Trianon, entourée de ses proches, pour y mener d'autres intrigues. Les amis de la reine recueillent les dividendes de leur bonne grâce sous la forme de charges et de généreuses pensions. Et attention à ceux qui ne trouveraient pas grâce à ses yeux… Quand elle arrive en terre de France, Marie-Antoinette est présentée à la du Barry, la favorite du vieux roi Louis XV. Cette dernière fait assaut de civilités mais la jeune femme détourne la tête. Elle ne voue que mépris envers celle qu'elle considère comme une simple putain.

La bande à Carla fait jaser dans les dîners en ville. Il y a ceux qui en sont et ceux qui n'ont pas cette chance. Cette petite nuance fait souvent toute la différence entre la faveur et le bannissement… C'est en tout cas comme cela que l'on présente le rôle de la Première dame. Carla soigne ses proches et irait jusqu'à les aider à se procurer des postes au soleil alors qu'ils sont pourtant loin des cénacles traditionnels de l'UMP. Mais gare à celles qui n'appartiennent pas à son cercle ! Rachida Dati, qui était si bien en cour sous le bref règne de Cécilia, a connu les affres de la disgrâce quand l'heure de Carla est arrivée.

Deux vies d'artiste

Marie-Antoinette aime monter sur la scène du petit théâtre de Trianon pour se donner en spectacle. Comme Carla, Marie-Antoinette n'a qu'un mince filet de voix mais qui suffit à séduire une assistance de toute façon conquise d'avance. La reine apprécie la compagnie des artistes et se pique de mécénat. Sa Majesté aime le beau sous toutes ses formes et veut associer son nom au style de son temps. Dommage que l'art coûte si cher à l'heure où le peuple a faim. Mais sous les ors de son théâtre, Marie-Antoinette a autre chose à faire que de se préoccuper des disettes de la France d'en bas. D'ailleurs, ne dit-on pas que la reine n'a que du vent entre les oreilles ?

Chanteuse ou Première dame ? Carla hésite, bascule, tergiverse… Puis elle affirme qu'elle est avant tout une artiste et que ce rôle-là, elle ne cessera jamais de le jouer. Jouer, c'est probablement ce que lui reprochent ses détracteurs. Est-elle vraiment Première dame ou est-elle seulement entrée dans ce rôle de composition, le temps d'une représentation ? Carla chante et revendique le côté immature de l'artiste. Elle chante et, même si cela n'enchante guère ceux qui trouvent qu'elle ne remplit pas son rôle, elle n'est pas prête à renoncer à cette passion devenue pour elle une raison de vivre.

Deux femmes à hommes

La reine a-t-elle oui ou non fauté avec le beau Fersen ? Les historiens n'ont pas fini de disserter sur cette question délicate, plus de deux siècles après les premiers soupçons d'infidélité. Après tout, peu importe la vérité, Marie-Antoinette est déjà coupable d'avoir provoqué la rumeur. Son comportement, ses faiblesses, sa beauté, sa futilité… tout l'accuse dans cette affaire. Et tant pis si le brave Louis XVI n'était pas un amant performant et si la kyrielle de souverains qui l'ont précédé ne se sont pas gênés pour tromper leur épouse ! L'Autrichienne incarne toutes les turpitudes et, à ce titre, ne peut qu'être volage et traîtresse.

Dès l'irruption de Carla dans la sphère élyséenne, les journalistes se sont délectés en rappelant les innombrables relations – réelles ou supposées – qu'on a pu lui prêter. On présente la Bruni dans le rôle de la prédatrice et le Sarkozy dans celui de la proie d'un tableau de chasse. On force le trait, on caricature. Le Français, qui ne manque pas de compréhension pour les séducteurs, supporte mal un pareil comportement chez les femmes. Carla s'amuse et laisse parler. Parmi toutes les rumeurs qui la poursuivent, celle de femme à hommes est peut-être celle qui lui pèse le moins.

Deux reines mères

Marie-Antoinette a beaucoup déçu son impériale maman. L'inflexible Marie-Thérèse l'a élevée dans l'espoir d'en faire une parfaite candidate au mariage pour une des cours européennes les plus prestigieuses. Femme de tête et femme à poigne, Marie-Thérèse passe son temps à sermonner son écervelée de fille et joue un rôle de premier plan sur l'échiquier international.

Les Français ont rapidement appris à connaître Marisa. La mamma volubile de Carla a été l'une des premières à faire des confidences dans la presse quand sa fille est devenue la favorite du chef de l'État, avant même de convoler en justes noces. Omniprésente, la belle-mère a même repris le rôle de la propre mère du président qui s'était, elle aussi, montrée très diserte au début du quinquennat. Mais dans un cas comme dans l'autre, les belles-mères n'ont pas la cote et sont désormais tenues éloignées de la cour.

Et l'issue ?

La fin de Marie-Antoinette est bien connue. Après avoir été décriée et conspuée tout au long de sa vie par ses adversaires et mal encensée par ses faux amis, la reine de France a gagné ses galons de martyre et de femme respectable face à la mort. Comme souvent, le drame efface les calomnies les plus ignobles et la rédemption se repaît du sang versé.

Nous n'en sommes pas encore à l'épilogue de la Carla Story. Connaissant le caractère imprévisible du personnage, il existe même mille et une manières d'écrire la suite de l'histoire. Heureusement, la république a perdu la déplorable habitude de raccourcir ceux et celles qui avaient le malheur de lui déplaire. Une bonne nouvelle pour la reine Carla, bien placée pour savoir à quel point les foules sentimentales sont promptes à brûler un jour ceux qu'elles ont adorés la veille.

L'IMPÉRATRICE CARLA DE BEAUHARNAIS

Libre comme Joséphine

Comme la fille aînée de Joseph-Gaspard de Tascher de La Pagerie, Carla a la double particularité d'être née dans une famille qui aime mener grand train et qui réside loin de Paris. Toutes deux sont arrivées en France dans leur jeunesse et ont été promises à un grand destin.

Elles savent se faire aimer

Marie-Josèphe, qui n'est pas encore devenue Joséphine, séduit par sa beauté peu farouche et son accent créole. Elle épouse le vicomte Alexandre de Beauharnais à Noisy-le-Grand. C'est le début de son irrésistible ascension mais aussi de sa légende sulfureuse. Le mariage avec Alexandre n'est pas très harmonieux et le couple finit par se séparer en 1785, quatre ans à peine après la naissance de leur premier enfant. En 1789, c'est la révolution qui se révèle fatale pour Alexandre mais dont Joséphine réussit à sortir vivante. La miraculée est bien décidée à jouer un rôle de premier plan. Contrairement à Carla, la future Joséphine est loin d'être riche mais, comme elle, elle possède l'art de se mettre en valeur. Elle porte des toilettes à la mode du temps et ravit les hommes qui la croisent. L'ancienne fille des îles est devenue une des femmes les plus en vue de Paris, aussi libre dans sa tête que dans son corps. Sous le Directoire, elle séduit Barras et devient sa maîtresse. L'îliennne donne le ton et apparaît comme la plus parisienne des Parisiennes.

Carla connaît la même trajectoire que celle de Joséphine. Elle devient l'amie des puissants. On lui prête de multiples relations avec des artistes, des intellectuels et même des hommes de pouvoir. Il n'y a guère de place pour les sans-grade dans sa carte du Tendre… L'Italienne aime l'amour. Et tandis que certains revendiquent leur liberté de penser, Carla impose sa liberté d'aimer.

L'homme qui change leur destin

Barras, vite lassé de Marie-Josèphe, lui présente Bonaparte, un homme de six ans son cadet qui commence à se forger un nom dans les allées du pouvoir. Joséphine n'est guère impressionnée par ce Corse auquel elle reproche, « en vrac », sa petite taille, son côté provincial, son manque de richesse et un physique peu engageant. De son côté, Bonaparte est séduit par la femme que le destin a placée sur sa route et le mariage sans amour (en tout cas, du côté de l'épousée) est célébré en 1796. Bonaparte est un homme jaloux ; il décide de rebaptiser sa Marie-Josèphe en Joséphine. De cette manière, le nom qu'il lui donne n'aura jamais été prononcé par un de ses amants. Cela n'empêche pas le petit oiseau des îles de s'échapper de sa cage et d'aller trouver du réconfort chez des hommes qui correspondent plus à ses goûts. Mais tant que Bonaparte est loin du pouvoir, le comportement de Joséphine la volage ne prête pas vraiment à conséquence…

Carla ne croit pas en la monogamie. Elle veut aimer comme bon lui semble et tant pis si elle brise quelques cœurs au passage. Contrairement à Joséphine, elle refuse obstinément de se laisser passer la bague au doigt. Le mariage, ce n'est pas pour elle puisqu'elle sait qu'elle finira bien vite par se lasser. Carla provoque et scandalise mais dans sa position, personne ne s'en offusque. La belle est mannequin mais elle est loin d'être une petite fille modèle. Parmi ses frasques amoureuses qui restent dans les annales, son histoire avec Jean-Paul (le père) puis avec Raphaël (le fils) fait date. Comment trouver des excuses à une femme capable d'une telle trahison amoureuse ? Et la naissance de son fils ne suffit pas à la racheter aux yeux de l'opinion bien-pensante. S'est-elle lassée de toutes ses pérégrinations amoureuses ? Toujours est-il que Carla accomplit l'impensable en se laissant passer la bague au doigt. Mais son Napoléon à elle est déjà sur le trône. Nicolas partage avec le futur empereur une petite taille et un solide tempérament. C'est un homme de pouvoir qui a besoin d'avoir une femme à ses côtés. Dès lors, la collectionneuse doit se contenter d'une seule pièce. Elle sera la pièce maîtresse de son herbier de l'amour.

Deux réputations sulfureuses

Joséphine joue un jeu dangereux. Madame Bonaparte est volage tandis que son époux conquiert la gloire loin de Paris. Et pour ne rien arranger, elle réussit à se mettre à dos sa belle-famille qui la méprise. Napoléon la pousse à quitter Paris pour la rejoindre mais Joséphine refuse avec obstination. Après le coup d'État du 18 Brumaire, Joséphine devient à la surprise générale l'épouse du consul. En épousant le petit Corse, elle était loin de se douter qu'elle deviendrait un jour l'épouse du chef de l'État ! Et ce n'est que la première étape d'un chemin qui finit par la conduire sur le trône impérial en 1804. Pour Joséphine aussi, la réussite est éclatante. Désormais, il n'est plus question de jouer avec le feu. Le petit oiseau a fini de virevolter d'un nid à l'autre.

Carla aussi s'est rangée en accédant au poste de Première dame. Son empereur à elle a mal digéré la fin de son histoire avec Cécilia et il en est déjà à son troisième mariage. Mais en s'éprenant de son Italienne, il aime comme au premier jour et affiche son bonheur de collégien. Patrick Poivre d'Arvor avait épinglé son comportement de « petit garçon » arrivé dans la cour des grands. Quand il évoque son amour pour Carla, il dit : « C'est du sérieux ! » et on se pince pour s'assurer que l'on ne rêve pas. Est-ce le président de la République qui jubile à l'idée de nous présenter la nouvelle femme de sa vie ?

Napoléon était fier de s'afficher avec Joséphine qui possédait le talent de séduire dont il se croyait dépourvu. Elle avait le charme, la grâce et la facilité de parole. Elle brillait en société quand lui ne se sentait à l'aise que sur un champ de bataille. Carla brille parmi ses amis artistes, un monde qui était toujours demeuré mystérieux aux yeux de Nicolas. À leur manière, les deux femmes ont ouvert à leurs hommes les portes de mondes auxquels ils n'avaient pas accès.

Des attentes déçues ?

Longtemps, Napoléon a cru qu'il était stérile. Joséphine avait deux enfants de son premier mariage, donc l'origine du problème semblait se trouver chez lui. Le jour où l'une de ses maîtresses lui donna un enfant illégitime, l'empereur compris enfin qu'il était capable d'engendrer un héritier pour la France des Aigles. Dès lors, la répudiation de Joséphine devenait inévitable. L'ancienne épouse volage s'accrocha à son mariage, mais sans réussir à faire changer d'avis son époux également devenu son maître. Cela n'empêcha pas Napoléon de continuer à la combler de bienfaits et de lui offrir une porte de sortie honorable. Il ne sera pas dit que le prince a accablé celle qu'il a aimée.

Entre Carla et Nicolas, l'amour et le pouvoir sont intimement liés. La belle répète à qui veut l'entendre qu'elle rêve d'avoir un enfant. Déjà le mariage d'un président à l'Élysée n'est pas chose courante mais alors, que dire de la naissance rêvée d'un nouvel héritier ? Le roi ayant trouvé sa reine, il resterait à cette dernière à parfaire le tableau de famille. Pour la postérité et le bien du royaume.

Carla-Catherine de Médicis

Riche et italienne comme Catherine

Carla entretient avec l'argent une relation heureuse, propre à ceux qui en ont toujours eu. Contrairement aux intrigantes qui s'élevaient dans l'échelle sociale en passant de couche en couche, l'élue présidentielle a grandi dans un palais turinois et ne s'est jamais posé la question des fins de mois difficiles.

Une enfance dans les palais

La petite Catherine naît en 1519 dans un prestigieux palais florentin. La famille de Médicis jouit d'une position enviée et cultive son prestige au point de fournir des papes au trône de Rome. Les Médicis sont une famille de banquiers et de commerçants dont la puissance évoque la suprématie de la nouvelle classe de commerçants sur les anciennes élites patriciennes. Dans cette Renaissance qui s'affirme, Catherine reçoit une éducation qui la prépare aux plus belles unions. Pour autant, la jeunesse de la petite fille riche ne ressemble pas à un long fleuve tranquille. Le vent de l'histoire se transforme en bourrasque quand les troupes de Charles-Quint déferlent sur Rome et mettent la ville éternelle à sac. Il s'agit dès lors de trouver une alliance qui garantira la stabilité des Médicis tout en lui assurant le prestige nécessaire. Et c'est vers la France que les regards se tournent.

Carla naît à Turin en 1967 et connaît l'enfance dorée d'une fille de bonne famille. Les Bruni-Tedeschi incarnent bien la puissance des classes bourgeoises piémontaises. La fortune familiale date du grand-père, Virginio Tedeschi, et permet au clan de fréquenter les cercles les plus prestigieux. Au début des années 1970, les Brigades rouges sèment la terreur parmi les familles les plus riches qui craignent les enlèvements et les rackets. Par prudence, la famille décide de quitter l'Italie devenue trop dangereuse et d'aller vivre en France.

Deux mariages français

Catherine épouse le prince Henri de France, deuxième fils du roi François Ier. D'ordinaire, les rejetons royaux épousent des jeunes femmes issues des grandes familles de France ou, le plus souvent, des héritières des grandes dynasties européennes. Le choix d'une Italienne issue d'une famille « capitaliste » tranche avec cette tradition. Le mariage est donc loin d'être le plus prestigieux pour le fils d'un des plus grands rois de la chrétienté mais il se révèle justifié sur le plan financier. La période est exigeante en termes de dépenses : les œuvres d'art, les riches toilettes, les grandes fêtes et les somptueux châteaux grèvent les bourses les mieux remplies. L'alliance de la dynastie de France et des riches banquiers est du meilleur aloi. À la mort du dauphin, la jeune femme a la surprise de devenir la future reine de France. Dans la cour des Valois, Catherine retrouve une vie de faste et de luxe à laquelle elle a été habituée depuis son plus jeune âge. La princesse vit très mal la cohabitation forcée avec la maîtresse de son époux, l'omniprésente Diane de Poitiers. En 1547, Catherine devient reine de France dans le contexte difficile des affrontements religieux.

Quand elle épouse Nicolas Sarkozy, Carla Bruni tranche avec les autres Premières dames de la Ve République. Elle chahute la tradition française en arborant son joli sourire transalpin. Elle transgresse le tabou de la taille en étant plus grande que l'homme qu'elle épouse. Elle pulvérise l'écueil de l'argent en convolant avec un homme plus « pauvre » qu'elle. Elle bouscule enfin les idées reçues en imposant son choix de poursuivre sa carrière de chanteuse tout en endossant le rôle de Première dame.

Des influences grandissantes

Après des débuts hésitants et même effacés à la cour de France, le rôle de Catherine de Médicis s'affirme à la mort de Henri II. Devenue reine mère, elle place ses enfants les uns après les autres sur le trône et joue sans complexe son rôle de régente. Elle y révèle un authentique talent politique qui dérange. Le rôle d'une femme et, qui plus est, d'une étrangère est-il de gouverner la France? Ses ennemis s'y opposent et ne lui laissent aucun répit. C'est sous le règne de son deuxième fils – Charles IX – que Catherine prend vraiment le pouvoir. Avec adresse, elle tente d'abord de concilier les partis ennemis qui s'affrontent entre catholiques et huguenots puis elle finit par changer de politique. Ce tragique revirement débouche sur le massacre de la Saint-Barthélemy et la reine italienne entre dans l'histoire comme la plus sanglante des souveraines de France. Catherine se montre inflexible tandis que son fils s'enfonce dans le remords mais cela ne l'empêche pas de tenter de trouver de nouvelles voies de conciliation. Habile, la femme échappe à toutes les caricatures. Femme dans un monde d'hommes, étrangère dans une cour française, riche dans un aréopage d'envieux, Catherine s'est composé une armure pour résister à tous les coups. Dès lors, il faudra attendre des siècles pour que les passions se calment et que l'histoire puisse la juger avec sérénité, ce n'est pas encore le cas aujourd'hui.

Carla n'a pas à réconcilier les catholiques et les huguenots. Nicolas lui a pourtant également confié une mission délicate : réunir les deux France, celle de droite et celle de gauche. Avec un art consommé de la politique, Sarkozy chasse sur toutes les terres. Il taille des croupières à Jean-Marie Le Pen tout en ayant les yeux de Chimène pour ses supporters. Dans le même temps, il poursuit une politique d'ouverture qui le pousse à accueillir dans son gouvernement des représentants de l'autre camp. La droite grommelle mais le souverain s'en soucie peu. Il a signé un encore plus joli coup : pousser l'ouverture jusqu'à l'alcôve présidentielle. Qui pouvait faire mieux que Nicolas Ier, l'homme des ruptures ?

Carla-Marie de Médicis

Comploteuse comme Marie

Dès son arrivée sur le trône de France, Carla n'a pas ménagé sa peine pour faire passer le message. Sa Majesté prend le temps. Elle observe, elle apprend, elle s'informe et elle se forme. Comprenez, Carla n'est pas là pour régner. Modeste, elle sait où se trouve sa place et ne veut pas faire de vague. Dans un premier temps, Carla la discrète impose son image mais les premiers doutes apparaissent ensuite… Serait-elle plus influente qu'elle veut le laisser croire ? On a connu des précédents dans l'histoire.

D'irrésistibles ascensions

Née en 1573, la fille du grand-duc François-Marie Ier de Toscane reproche à son père d'avoir trouvé une nouvelle épouse et abandonné ses enfants. Marie est ambitieuse et convaincue qu'un grand destin l'attend. La jeune fille est d'autant plus confortée dans ses idées qu'elle connaît la puissance de sa famille. S'ils ne possèdent pas un trône, les Médicis sont riches. En revanche, nombre de familles royales, qui possèdent de beaux blasons, souffrent de voir leurs coffres complètement vides. Au lendemain des guerres de religion, la France apparaît réconciliée autour de son nouveau roi Henri IV, premier souverain Bourbon. Le pays est confronté au remboursement de la dette envers les Médicis. Dès lors, une union entre le roi et la banquière italienne devient de plus en plus probable. Et tant pis pour le prestige de la couronne, la fin veut les moyens ! Le mariage est célébré en 1600 avec un faste qui évoque les grandes heures de la tradition Valois. La reine accomplit sa part du contrat et donne des héritiers au roi. Elle ronge son frein en étant contrainte de subir la présence des maîtresses de Henri IV. En réalité, le plus difficile pour Marie est de faire face aux quolibets des femmes de la cour qui, juchées sur leurs quartiers de noblesse, raillent la grosse banquière florentine.

Carla est riche et italienne, deux points communs avec Marie de Médicis. Mais cette fois, il n'est pas question de rembourser une dette. En revanche, son arrivée à la cour change la donne en matière de loisirs présidentiels. On a assez reproché à Nicolas d'avoir embarqué à bord du yacht de son ami Bolloré dès son accession au trône. Le mariage avec Carla lui ouvre de nouvelles perspectives. En semaine, le couple souverain réside dans l'hôtel particulier de Madame et prend la route du Cap-Nègre pour passer l'été dans la propriété de vacances de cette dernière. Ce qui change ? Désormais, la richesse est une affaire de famille et plus aucune critique ne sera possible sur ce délicat chapitre.

Le goût du pouvoir

Marie de Médicis aime le pouvoir et possède une excellente image d'elle-même. Elle commande à la star des peintres de l'époque, Pierre-Paul Rubens, un cycle de peintures qui raconte de manière allégorique son arrivée en terre de France. La reine dépense sans compter pour satisfaire son goût des belles robes et des bijoux précieux. On lui reproche son entourage, ses fréquentations, son intolérance religieuse et ses préférences italiennes mais elle garde le cap. Marie s'estime au-dessus de la mêlée. Elle insiste aussi auprès de son époux pour être enfin sacrée reine de France. C'est chose faite en 1610. Le lendemain de ce jour de gloire pour la souveraine, Henri IV est assassiné par Ravaillac. Marie devient régente mais elle est loin de posséder l'envergure de l'autre Médicis couronnée en terre de France, l'influente Catherine. Très vite, on la soupçonne de toutes les intrigues et de toutes les manœuvres.

Carla l'a dit et répété : elle observe, elle apprend. Dès son mariage, elle s'est fixé pour objectif de ne pas faire de vague. Présentée sous la forme d'une vestale zen, elle n'a d'autre rôle que celui de calmer les débordements de son hyperactif époux. Pour autant, la nouvelle souveraine soigne son image. Elle demande à la star des photographes, Annie Leibovitz, de l'immortaliser pour la postérité. La belle est en robe rouge, juchée sur les toits de l'Élysée. Elle ne fait pas mentir sa réputation d'élégance et déchaîne l'enthousiasme des journalistes lors de sa visite en Angleterre. La souveraine se contente-t-elle de jouer le rôle de catalyseur ou joue-t-elle un rôle politique ? Il faut attendre quelques mois pour que la cour commence à s'émouvoir. L'arrivée de la nouvelle reine a profondément modifié les habitudes du palais. Les anciennes favorites font les frais du couronnement et l'ambitieuse Rachida voit son étoile pâlir.

Mais les dames ne sont pas les seules à souffrir de la nouvelle faveur. Les ministres aussi commencent à se plaindre. Déjà, l'ouverture politique avait du mal à passer mais le coup de barre à gauche dans la vie intime du roi fait grincer les dents. Comment expliquer autrement les décisions peu « UMPiennes » qui émaillent cette nouvelle année de règne ? Frédéric Mitterrand accède au poste envié de directeur de la Villa Médicis avant d'être intronisé ministre de la Culture. Le pouvoir donne le sentiment d'appuyer Roman Polanski et la reine se mouille pour défendre Marina Petrella, l'ancienne égérie des Brigades rouges. Carla organise des dîners qui permettent à son époux de rencontrer des éminences de la gauche bobo. Il n'en faut pas plus pour conclure que le souverain est tombé sous la coupe de sa nouvelle épouse. Dès lors, il s'éloigne de la base de son électorat et risque d'y perdre son âme. Sous des apparences de ne pas y toucher (ou, comme le dit le titre de son nouvel album, « comme si de rien n'était »), la reine Carla s'inscrit dans la grande tradition des souveraines qui ont une mauvaise influence sur leur époux.

Des amitiés contestées

En arrivant en France, Marie de Médicis exige de conserver dans son entourage ses conseillers italiens. C'est le début de l'ascension du couple Concino Concini et Leonora Caligaï. D'emblée, la cour se méfie de ces intrigants dont on soupçonne la mauvaise influence sur la reine.

Il en est de même avec Franck Demules. Né en 1966, élevé en communauté avec des militants activistes de

Mai 68, il connut une jeunesse mouvementée et un parcours chaotique. Ce qui ne l'a pas empêché d'être engagé comme chauffeur par Carla Bruni pour laquelle il commence à faire de petites courses. Il lui achète ses cigarettes, des produits de beauté, des cadeaux ou des partitions. Franck se révèle efficace et Carla lui donne sa confiance au point d'en faire son assistant. Il la décrit comme une femme travailleuse, énergique et motivante. Carla est casanière et, contrairement à tant d'autres, elle n'apprécie pas tellement les sorties jet-set. Conformément à l'éducation qu'elle a reçue, elle a tendance à ne pas faire de différence entre les gens et les place tous sur le même plan. Bien sûr, elle est habituée à être servie mais elle ne se comporte pas pour autant comme une nouvelle riche. Avec une politesse héritée de son éducation, elle est surtout une bonne patronne.

Comme il fait partie du « clan » Bruni, Demules est bientôt amené à fréquenter le président. À l'occasion de leur première rencontre, Sarkozy lui offre du saucisson qu'il a ramené de Corse. Cela ressemblerait presque à une cérémonie d'adoubement des temps anciens, le chevalier recevant le sacrement du saucisson. Franck est touché par la bienveillance du souverain mais il doute aussi… Un homme de gauche peut-il se mettre au service du camp adverse? Sa fidélité pour Carla balaie ses derniers doutes.

Des femmes contre la cour

Face à Mazarin, Marie de Médicis ne fait pas le poids. Elle est contrainte à l'exil et quitte cette cour qu'elle prétendait diriger. Jusqu'à la fin de ses jours, elle caresse l'espoir de rentrer en France mais c'est à Cologne qu'elle meurt en 1642. En guise d'amère consolation, elle retrouve son statut de souveraine en étant inhumée à Saint-Denis à côté de son époux.

Carla aura beau sourire et baisser les yeux devant les journalistes, elle ne pourra plus adopter l'attitude rassurante de la modestie couronnée. Prise en tenaille entre ses amis qui lui reprochent le ralliement à la Sarkozye et les tenants de l'orthodoxie UMPienne qui ne lui pardonnent pas la dérive « gauchiste » du souverain, elle devra développer des talents d'équilibriste dans la suite de son règne.

TROISIÈME PARTIE

Les dynasties républicaines, galerie de portraits des Premières dames

Les cinq Premières dames de la Ve République ont chacune cultivé leur style popote ou aristo, mécène ou révolutionnaire… Il ne manquait qu'une chanteuse pour compléter cette galerie de portraits où l'Élysée se conjugue au féminin.

Yvonne de Gaulle, « Touche pas à ma popote ! »

Il fut un temps où la Première dame ne se préoccupait pas de mode et préférait se consacrer au tricot plutôt qu'à enregistrer des chansons aux accents sulfureux. Elle s'appelait Yvonne et détestait la futilité presque autant que les divorcés, les infidèles et les photographes.

1921. En l'église Notre-Dame de Calais, Yvonne et Charles convolent devant Dieu et les hommes. C'est le début d'une longue histoire de quarante-neuf ans de vie commune où les époux n'ont pas rigolé tous les jours mais où le mot « devoir » prenait tout son sens. Yvonne n'a rien d'une féministe, elle estime que la place d'une épouse est toujours quelques pas en arrière pour ne pas faire d'ombre à son mari. À l'époque, la république ne cultive pas encore le culte du couple et Yvonne se contente sans rechigner de la cinquième voiture du cortège présidentiel. Toujours inspiré, *Le Canard enchaîné* lui décerne le surnom de « madame de Maintenant » en référence à l'ultime et très peu glamour épouse de Louis XIV. Yvonne est du genre radine et passe ses journées à traquer le gaspillage dans les couloirs de l'Élysée. Plus que tout, elle déteste l'apparat et le faste des grands dîners d'État. Elle préfère une simplicité de bon goût et estime que la sobriété est toujours bonne conseillère. Mais s'il est bien un sujet sur lequel tante Yvonne ne badine pas, c'est la morale. Elle est même capable de faire éjecter un conseiller qui entretient une relation extraconjugale. De l'homosexualité au divorce en passant par la prostitution et le communisme, elle combat sans relâche tous les ennemis de l'ordre qui heurtent sa conception très rangée du monde.

Le général de Gaulle avait coutume de cantonner les femmes au tricot et il faut reconnaître qu'il possédait un exemple parfait de cette docilité assumée à la maison. Dans un premier temps, André Malraux méprisa cette femme qui le lui rendit bien. Il faut dire qu'Yvonne n'avait rien d'une femme engagée dans les grandes questions de son époque. Elle se souciait peu des populations déshéritées ou de la mise en valeur des artistes contemporains. Yvonne coud, tricote, reprise et crochète. Et, surtout, Yvonne se tait ! Même dans les derniers jours de son existence, l'épouse du président reste fidèle à sa ligne de conduite. La place d'une femme est à côté de son mari, elle n'est pas là pour jouer les stars. Dans l'histoire de France, elle aurait tenu le rôle de Marie-Thérèse, la discrète et très pieuse épouse de Louis XIV.

Une seule fois dans sa vie, les circonstances lui offrent l'opportunité de révéler sa force de caractère. En août 1962, le général est plongé dans la tourmente de l'attentat du Petit-Clamart. Tante Yvonne est avec lui et voit la mort en face. Elle se contente de sortir de la voiture pour se débarrasser des morceaux de verre tombés sur son manteau. Charles la juge bien « brave » et, sans se laisser démonter par ce rare compliment de son époux, elle se préoccupe aussitôt de l'état des poulets… Il ne s'agit pas là de la santé de la suite présidentielle mais bien de la volaille qui se trouve dans le coffre de la voiture, destinée au dîner dans leur propriété de la Boisserie. Yvonne ? Une héroïne à sa manière.

Claude Pompidou, « Une mécène entre en scène »

Quand Claude fait son entrée à l'Élysée avec son époux, un vent neuf souffle sur la présidence. De par sa taille et son style, la Première dame ne passe pas inaperçue et assume son statut de people. *Mais elle ignore encore qu'elle va devoir affronter le revers de la médaille.*

Il est fils d'enseignant et elle, fille de médecin chef. Il est normalien et elle s'est engagée dans la voie très ennuyeuse du droit. Les deux jeunes gens se rencontrent, se découvrent, s'apprécient et finissent par s'aimer. C'est le début d'une belle et longue histoire d'amour qui va détoner dans l'itinéraire sentimental souvent mouvementé de la Ve République. Le couple est sincèrement épris au point d'afficher son amour en public à une époque où cela se fait peu.

Georges et Claude possèdent pas mal de passions en commun. Ils apprécient l'art contemporain, le *design* d'avant-garde, l'élégance, la culture, les beaux esprits et une certaine vie mondaine. Les Pompidou dérangent d'autant plus que l'ascension de Georges paraît irrésistible. Bientôt, une terrible rumeur commence à courir les salons et les rédactions de Paris. Madame Pompidou aurait une conduite sexuelle pour le moins débridée et serait peu regardante par rapport au profil de ses compagnons de jeux. Toute l'affaire n'est que calomnie mais le doute s'immisce et Claude n'a d'autre solution que de faire front. La vie politique est violente, à plus forte raison lorsqu'on affiche une personnalité qui sort du lot. Le général lui-même va jusqu'à dire « qu'à trop fréquenter les dîners en ville dans le tourbillon du tout-Paris, on s'expose à de pareilles extrémités ».

Cette lamentable affaire n'empêche pas le couple d'accéder aux plus hautes marches du pouvoir. Quand il pousse la porte de l'Élysée en qualité de président, Georges Pompidou associe naturellement son épouse à sa nouvelle vie. Cette grande femme blonde à la silhouette longiligne attache une importance particulière à la mode et estime jouer un rôle d'ambassadrice de la création française. Qu'il s'agisse de Ted Lapidus ou de Dior, Claude affiche ses préférences. Elle décroche même le titre de « Première dame la plus distinguée d'Europe » dans le magazine américain *Look* qui sait de quoi il parle. Il y a du madame de Pompadour dans cette femme qui joue son rôle de mécène des arts. Elle entreprend de moderniser l'Élysée en l'ouvrant à la création contemporaine. La France entre dans une nouvelle époque et Claude s'improvise en muse qui joue son rôle d'aiguillon créatif. Alors que tante Yvonne comptait chaque franc, Claude n'est pas du genre avare. Au contraire, elle dépense sans compter quand il s'agit de mettre en valeur le potentiel créatif de la France.

Jusqu'au bout de leur histoire, Claude et Georges conservent la même complicité. Personne n'a oublié ces images intimes où Georges l'appelait « Bibiche ». On ne compte plus les gestes d'affection que se prodiguent les époux lorsqu'ils sont ensemble. À la disparition du président, Claude quitte à regret l'Élysée. Elle poursuit ses activités dans le secteur artistique et caritatif. Elle demeure une figure emblématique du tout-Paris qui lui a tant donné et qui l'a aussi tellement fait souffrir. Probablement incomprise par un peuple de France qui n'était pas prêt à accepter une Première dame trop en avance sur son temps.

Anne-Aymone Giscard d'Estaing, « De l'art d'être potiche »

Née Sauvage de Brantes, Anne-Aymone Giscard d'Estaing n'a pas laissé un souvenir impérissable dans la mémoire collective. Tout juste se souvient-on d'un message de bonne année en 1975 qui est devenu un cas d'école de ratage médiatique.

Avide de modernité, Giscard décide d'associer son épouse à la campagne électorale. Cette ouverture féministe n'a pas été suivie d'effets. La bien-née nouvelle reine de France se distingue par une discrétion du meilleur aloi. Elle ne vit pas à l'Élysée qu'elle juge inconfortable. Elle préfère préserver sa vie de famille et ne pas perturber l'éducation de ses enfants. Cette absence laisse aussi pas mal de liberté à son époux, sur lequel courent de nombreuses rumeurs.

Certains lui reprochent son manque d'instruction mais Anne-Aymone est issue d'une tradition aristocratique où il n'est pas de bon ton pour les filles d'outrepasser leur rôle. Et quand elle confesse parler quelques mots d'espagnol, elle nous rassure bien vite en expliquant que cela facilite le dialogue avec les domestiques ! Giscard aime les femmes, ce n'est un secret pour personne. Il est le premier à les mettre à l'honneur dans son gouvernement, comme Simone Veil ou Françoise Giroud. Mais son épouse est loin d'avoir l'étoffe de ces ministres à poigne. Pour ne rien arranger, la presse satirique tire à boulets rouges sur la First Lady hexagonale. *Le Canard enchaîné* la surnomme « DQ » (pour Dignité et Qualité) comme la qualifiait son époux. On lui reproche sa timidité, sa bigoterie supposée, son manque de tact par rapport à certains cadeaux de bienvenue qui lui sont adressés et qu'elle n'hésiterait pas à échanger, sans oublier quelques passe-droit dont elle ne se priverait pas.

Comme il faut laisser une trace et se conformer à la tradition, Anne-Aymone possède aussi sa fondation. Elle se préoccupe de l'enfance déshéritée et Giscard va jusqu'à lui reverser les droits d'auteur de son best-seller *Démocratie française*. Aujourd'hui, cela fait longtemps que la présidente a perdu sa position de Première Française mais elle n'a pas déserté pour autant les pages mondaines des magazines. Une fois par an, elle invite de généreux donateurs et des altesses européennes à venir soutenir sa cause pour l'enfance. En guise de théâtre à cette manifestation très « gotha-chic », l'ancienne reine a choisi Versailles. Le message est clair, Anne-Aymone fut une reine discrète, guindée et un peu surannée mais elle n'a pas oublié les grandes heures de son règne. À la manière d'une Marie Leszczynska, une souveraine un peu méconnue, fréquemment bafouée mais toujours élégante. Une des souveraines les plus discrètes de notre histoire.

Danielle Mitterrand, « *Hasta la Daniella siempre !* »

Elizabeth, la fille de l'archiduc Rodolphe d'Autriche-Hongrie (le suicidé de Mayerling), est entrée dans l'histoire sous le surnom d'« archiduchesse rouge ». Pour beaucoup, l'épouse de François Mitterrand restera comme « Danielle la rouge », aux antipodes de celle qui l'a précédée sur le trône élyséen.

Quand elle épouse Mitterrand, Danielle n'a que vingt ans. Lui en a vingt-huit et il pose rapidement les règles : elle restera dans l'ombre tandis qu'il entame sa carrière politique. Profondément ancrée à gauche, Danielle effectue des voyages à travers le monde qui la mènent notamment en Inde et en Amérique du Sud. Sa conscicnce tiers-mondiste est bien aiguisée au moment où son époux accède à la présidence en 1981.

La nouvelle Première dame tranche radicalement avec Anne-Aymone. Elle s'exprime sur les sujets les plus divers et n'hésite pas à prendre des positions qui heurtent le conformisme ambiant. Elle possède des listes de détenus politiques qu'elle soumet aux visiteurs officiels, elle fustige le rallye Paris-Dakar, elle prend la défense des pays du Sud et refuse d'accompagner son mari en voyage officiel au Maroc par solidarité avec les prisonniers du roi Hassan II. Et, toujours, elle refuse de jouer les potiches.

Vers la fin du premier septennat, Danielle décide de partir en campagne et, dès lors, plus rien ne l'arrête. Elle crée sa fondation France Libertés, qui n'a rien à voir avec les fondations très conventionnelles jusque-là promues par les Premières dames. Elle devient la pasionaria de la république, la madone rouge qui bouscule les conventions. Elle prend parti pour les Tibétains et provoque l'ire du pouvoir communiste chinois. Elle défend Mandela alors que l'Afrique du Sud est encore plongée en plein apartheid. Elle pourfend Hassan II, au risque de mettre en péril les intérêts financiers français. Elle défend bec et ongles Fidel Castro et provoque des poussées d'urticaire à la Maison Blanche. Si ses causes prêtent parfois à discussion, on ne peut lui dénier un certain courage. Elle s'implique dans le combat des Kurdes contre leurs oppresseurs et, lors d'un voyage dans le Kurdistan irakien, elle échappe de peu à un attentat.

Quand Danielle ne monte pas sur les barricades, il lui faut aussi assumer son rôle de Première dame. Pour autant, elle se passionne très peu pour les plans de table et les arrangements floraux qui ornent les salons de l'Élysée. L'élégance n'est pas sa première préoccupation, même s'il lui arrive de jouer le jeu. C'est sur le chapitre de la vie privée que Danielle se révèle la plus proche de l'Ancien Régime. Le souverain aime les femmes au point de mener une double vie. Danielle ne trouve pas la situation agréable mais elle applique l'adage « *never explain, never complain* » cher à la reine d'Angleterre. Pendant longtemps, le secret de l'existence de Mazarine est bien préservé et quand la nouvelle est révélée, Danielle s'en tient à son silence de bon aloi. Jadis, à la cour de France, les reines avaient la correction de ne pas condamner leurs augustes époux quand ceux-ci multipliaient les liaisons et suivaient l'éducation de leurs bâtards.

Quand François Mitterrand trépasse, les deux familles se retrouvent. Non que Danielle soit heureuse de partager aux yeux de tous un deuil à la fois national et bigame, mais elle fait face à la réalité, même si certaines couleuvres sont plus difficiles à avaler que d'autres. Dès lors, les commentateurs expliquent mieux la relative liberté dont a bénéficié la Première dame pendant toutes ces années. Tandis que le président menait sa double vie, son épouse jouait son double rôle, à la fois Première dame et bonne conscience autoproclamée de la république. À la disparition du grand homme, deux femmes sont en lice pour défendre sa mémoire et prolonger son message : Danielle, l'épouse légitime, et Mazarine, la fille illégitime légitimée par les médias. Chacune devra trouver sa place.

Bernadette Chirac, « Bernadette ? Elle est très chouette ! »

Longtemps considérée comme ringarde, la maniaque du sac à main a opéré le redressement d'image le plus spectaculaire de la Ve République. L'épouse que tous voulaient cacher sort de l'ombre pour devenir une star de l'édition et offre à la télé de confortables scores d'audience. Bernie a la cote, au point de prodiguer ses conseils à celle qui lui a succédé.

Chez les Chodron de Courcel, on ne perd jamais de vue les règles de la bienséance et l'on sait ce qu'un beau mariage veut dire. Inutile de dire que l'union annoncée avec un certain Jacques Chirac ne plaît guère à la famille de l'innocente Bernadette. Le manant ne lui promet pas un destin glorieux… Si seulement ils avaient pu avoir une boule de cristal ! Obstinée, la jeune fille de bonne famille réussit à convoler avec son prince charmant mais elle est encore loin d'imaginer la vie conjugale qui l'attend. Chirac se lance à corps perdu dans sa carrière politique et le rôle de Bernie est rapidement défini : elle suivra son époux et se contentera de beurrer les sandwiches des militants.

Bernadette tente de se rebiffer mais son héros lui cloue le bec. Il n'est pas tendre avec elle et va jusqu'à lui reprocher de rater tout ce qu'elle entreprend et même de faire rater les autres. Femme traditionnelle, elle découvre aussi les appétits de son époux. Il y a la bonne cochonnaille bien sûr mais aussi ces femmes, toutes plus charmantes les unes que les autres, qui gravitent dans son entourage à mesure que sa carrière prend de la hauteur. Bernardette tente de trouver sa place mais le clan très machiste des Chirac ne lui en laisse guère la possibilité. Le défi est d'autant plus compliqué pour elle qu'il lui faut combattre sur deux fronts en même temps. D'un côté, Bernadette doit s'affirmer face à son époux et, de l'autre, elle doit se faire reconnaître par sa famille qui continue à mépriser ce mariage inégal. La politique a quelque chose de vulgaire qui passe mal chez les Chodron de Courcel.

Quand Chirac accède au poste de Premier ministre puis à celui de maire de Paris, les choses commencent à bouger. En devenant locataires des plus beaux palais de la République, les Chirac s'approchent peu à peu du soleil et Bernadette prouve aux siens qu'elle n'a pas eu tort de s'accrocher. Autoritaire, volage, macho… Jacques n'est pas facile à vivre mais il a un destin et, qu'il le veuille ou non, Bernadette en fait partie.

Pour autant, la partie n'est pas encore gagnée. À une époque, Jacques envisage de refaire sa vie. Mais Bernadette le met en garde : en cas de divorce, il n'accèdera pas à la présidence de la République. Chirac se range aux arguments de son épouse mais ne se montre pas plus tendre envers elle. Toujours interdite de destin public, elle fait son pré carré des domaines qui n'intéressent pas son époux. C'est notamment le cas des arts et surtout de la musique classique. Bernie a observé Claude Pompidou à l'œuvre et réalise qu'elle a une carte à jouer dans ce domaine traditionnellement réservé aux épouses. En même temps, elle se consacre à ses œuvres et à ses engagements sur le terrain de la charité. Celle que Chirac a surnommée « la Tortue » révèle une puissance de travail et une opiniâtreté remarquables. Bernadctte a d'autant plus gagné en assurance qu'elle est devenue elle-même une femme politique, élue dans son fief corrézien.

En 1995, Chirac voit enfin le couronnement de sa longue trajectoire politique en montant sur le trône de France. Malgré tous les remous de la vie et toutes les tensions du couple, Bernadette est intronisée avec son époux. Pourtant, celle-ci a, une fois de plus, été soigneusement été écartée du premier plan. Sa propre fille la juge ringarde et craint que sa présence ne plombe l'image rajeunie de Chirac. L'arrivée d'une dame patronnesse à l'Élysée n'est pas bien vue des tenants de la modernité. Tout le challenge consiste dès lors à trouver un placard doré au palais pour y ranger Bernadette pendant tout le septennat. La nouvelle souveraine se console en jouant un rôle qu'elle affectionne, celui de maîtresse de maison. Des jardins à l'entretien des tapis et des œuvres d'art en passant par les plans de table et le choix des desserts, elle ne laisse rien au hasard. L'air de rien, elle fourre son nez dans les affaires politiques et se montre pertinente sur certaines questions, dont celle de la calamiteuse dissolution de 1997. Plus rien n'arrête Bernie ! Elle s'affiche avec Hillary Clinton (deux femmes bafouées réunies par une même ambition, tout un symbole !) et anticipe le score de Le Pen.

L'épouse ringarde devient Bernadette Ire et revendique fièrement ses racines plongées profondément dans une France qui fleure bon le rang de perles et les dimanches en Sologne. Le deuxième règne de Chirac voit à la fois l'apogée et la caricature de la souveraine. Elle sait qu'il n'y aura pas d'après à l'Élysée et que la vie de retraité avec Jacques ne sera pas simple. Elle se console en confiant ses souvenirs à Patrick de Carolis et devient une star de l'édition. Parallèlement, elle poursuit ses activités caritatives et incarne la madone des pièces jaunes. Depuis des décennies, le couple est habitué à se battre pour accéder à des postes toujours plus en vue. La course à l'échalote a une fin et Bernie passe le temps en régentant l'Élysée. La reine se mue parfois en tyran domestique impitoyable envers le petit personnel. Elle décide, impose et, surtout, se fâche quand elle ne s'estime pas obéie. La fin de règne de Chirac est marquée par un immobilisme que lui reprochera déjà son successeur tandis que Bernadette revient à ses fondamentaux : chandelier – bouquet – mignardises. Bon sang ne saurait mentir.

Quatrième partie

Au beau pays des people, *Carla est la reine*

LES *PEOPLE* TIRENT LA COUVERTURE À EUX

À l'origine, il y avait les stars. Elles assumaient leur statut de divas et se comportaient comme telles. Elles s'habillaient comme des divas, se maquillaient comme des divas, se mariaient et divorçaient comme des divas. Cerise sur le gâteau, elles multipliaient les caprices et faisaient les délices des journalistes en panne de papiers faciles. Les stars étaient des étoiles de cinéma et leur vie s'étalait sur grand écran en technicolor.

Vint ensuite le règne des vedettes de la chanson et surtout des idoles. Les jeunes s'arrachaient les magazines qui racontaient leurs moindres faits et gestes, leurs romances sucrées et leurs changements de look. La radio accompagnait le règne des nouvelles vedettes. Mais la toute-puissance du transistor se mit à décliner et ce fut au tour de la télévision de s'imposer.

Les stars sont désormais les otages volontaires de la petite lucarne qui impose sa loi. La montée en puissance du média s'est accompagnée du boom de la publicité. Dès lors, une nouvelle race de stars est apparue. Les divas des écrans pub, des photos sur papier glacé et des podiums font rêver dans les chaumières. Ces nouvelles stars se distinguent nettement des anciennes en cela qu'on ne leur demande rien de plus que d'être belles. Pour certains, leur règne annonce la victoire du creux intégral tandis que d'autres y voient le symbole de la beauté et de l'élégance. Parmi ces divas du catwalk, quelques noms se détachent dans les années 1990 : Claudia Schiffer, Kate Moss, Linda Evangelista et… Carla Bruni.

Le XXe siècle n'a pas été avare en icônes, dont certaines sont même entrées dans la légende. Et pour ce qui est d'entretenir le réservoir à rêves, on pouvait toujours compter sur la bonne vieille monarchie. Astrid, Grace, Jackie et Diana, quatre icônes du siècle. Et Carla ?

Astrid de Belgique

Au début des années trente, la future reine Astrid des Belges séduit tout un pays en embrassant son prince peu après son arrivée au port d'Anvers.

Fille de Carl de Suède, elle naît à Stockholm en 1905. En 1926, elle épouse le prince Léopold de Saxe-Cobourg et Gotha, destiné à devenir un jour le quatrième roi des Belges. En quelques mois, Astrid conquiert le cœur de ses compatriotes. Par sa beauté et sa jeunesse, elle tranche avec l'image un peu lointaine de la famille royale. Elle se mêle à la foule pour assister à un défilé auquel participe son époux et s'occupe personnellement de ses enfants. En pleine crise économique, elle apparaît proche et toujours compatissante pour ceux qui sont dans le besoin. Depuis son arrivée à Bruxelles, jamais la monarchie n'a été aussi populaire. En 1934, le prince monte sur le trône sous le nom de Léopold III. La crise économique est aiguë et Astrid multiplie les initiatives caritatives. La reine opère un mélange inédit de glamour aux accents hollywoodiens et de proximité. Tout un pays se prend d'un amour sincère pour elle et, bientôt, tout un pays va pleurer quand elle succombera, quelques mois après l'accession au trône de son époux, des suites d'un terrible accident de voiture en Suisse. Astrid meurt mais sa légende ne fait que commencer.

Astrid et Carla, même fascination ?

Astrid a compris avant toutes les princesses l'importance des images. Elle sait qu'une bonne photo peut se révéler plus efficace qu'un long discours. Carla aussi.

Astrid est soucieuse de son apparence, elle suit la mode et en fait l'un de ses atouts. Carla aussi.

Astrid a humanisé son époux en renvoyant de lui l'image d'un homme plus proche. Carla aussi.

En se consacrant à des causes humanitaires et caritatives, Astrid a légitimé sa position d'épouse du souverain et s'est trouvé une place de choix au sein du dispositif royal. Carla, pas encore.

→ Coefficient de Carla-compatibilité : 30 %.

Grace de Monaco

Autre icône de la couronne, la princesse Grace quitte les sets des productions hollywoodiennes pour jouer le rôle de sa vie. Elle devient princesse de Monaco et truste la une de tous les magazines.

Avec le recul des années, nous savons que le mariage du prince et de sa bergère US était d'abord le fruit d'une belle opération de communication. Qu'à cela ne tienne, l'usine à rêves fonctionne à plein rendement et Grace est au cœur de cette belle *love story*. La jeune femme est belle, bien élevée, pleine de classe et elle est déjà star avant de devenir princesse. Pour Monaco, le mariage est surtout une affaire très rentable en termes d'image. Insignifiante par sa taille, la principauté doit faire parler d'elle pour exister. Le mariage de Rainier lui offre un éclairage médiatique inédit qui ne se dément pas au fil du temps. Les magazines flairent la bonne affaire et les Grimaldi deviennent les héros principaux d'une saga à multiples rebondissements.

La naissance des petites princesses et du petit prince, les états d'âme – réels ou supposés – de la princesse qui rêverait de refaire du cinéma, les activités officielles du couple, le Bal de la rose, les engagements caritatifs, les premiers émois de Caroline, les rébellions de Stéphanie… rien ne manque ! Le meilleur scénariste de Hollywood n'aurait pu imaginer tous les rebondissements de ce feuilleton qui fait la une des magazines, semaine après semaine. Et quand survient le terrible accident qui met un « *The End* » définitif au film de la vie de Grace, le scénario n'est pas encore terminé. Les autres membres de la famille continuent à vivre leur vie, accumulant drames, bonheurs, mystères et révélations. Pour autant, la touche de magie qu'apportait la princesse n'existe plus et la principauté quitte peu à peu sa première place à la une des couvertures des magazines.

Grace et Carla, touchées par la même grâce ?

Deux femmes artistes qui accèdent au rang de Première dame de leur pays d'adoption.

Deux femmes qui possèdent l'art de se mettre en valeur et de jouer avec l'objectif des photographes.

Deux femmes issues d'excellentes familles et ayant reçu une bonne éducation.

Deux femmes dont l'image est utilisée par leur mari et leur entourage.

Mais si Grace a été obligée de renoncer à sa carrière d'actrice en accédant au rang de princesse, Carla, de son côté, n'a jamais envisagé de renoncer à son métier de chanteuse, même s'il apparaît plus difficile que prévu de combiner les deux aspects de sa personnalité.

→ Coefficient de Carla-compatibilité : 60 %.

Jackie Kennedy

Parallèlement à Grace, une autre icône, elle aussi américaine, s'est hissée au sommet des couvertures. Jackie Kennedy n'est ni reine ni princesse mais elle en possède tous les attributs. Elle est l'épouse du chef de l'État le plus puissant du monde et possède l'élégance des jeunes femmes bien nées. Par sa jeunesse, le charisme de son époux et la justesse de ses goûts, Jackie devient le symbole de toute une génération de femmes.

Née en 1929 dans l'État de New York, elle est issue du clan Bouvier, une puissante famille de financiers. Elle bénéficie d'une excellente éducation qui mêle la musique, la littérature et les sports hippiques. La petite fille connaît une enfance heureuse jusqu'au divorce de ses parents. Son père ne se remarie pas tandis que sa mère épouse le très riche Hugh D. Auchincloss. Ces rebondissements familiaux n'empêchent pas la jeune fille de poursuivre son cursus. Elle fréquente les meilleures écoles et accède au rang envié de débutante de l'année. Elle se passionne pour l'art et la culture française. Elle séjourne à Paris, s'inscrit à la Sorbonne et goûte avec ivresse aux délices de la liberté. Peu à peu, elle acquiert de l'expérience et révèle son talent pour l'écriture. Elle se lance dans le journalisme et s'éprend d'un agent de change. La *love story* capote et la jeune Jacqueline rencontre un certain John Fitzgerald Kennedy… Ils se marient en 1953 et l'événement s'impose comme l'engagement le plus mondain de l'année.

Devenue l'épouse d'un sénateur, elle poursuit ses études et s'applique à peaufiner ses connaissances en matière d'histoire des États-Unis. Officiellement, le couple renvoie une image sans nuages mais, quand on gratte, on s'aperçoit que, sous le vernis, les choses sont moins idylliques. Jacqueline souffre des infidélités de son époux et du jugement que porte à son égard le clan Kennedy. On se moque de sa fragilité et de son mince filet de voix. Pour ne rien arranger, l'épouse d'un homme que tout conditionne à atteindre les plus hautes fonctions paraît incapable de lui donner un héritier. En 1957, elle met pourtant au monde une petite Caroline, suivie, en 1960, d'un fils, John Fitzgerald Kennedy Jr.

John Kennedy est devenu président des États-Unis et Jackie a accédé au rang de First Lady. Les premières critiques viennent de la vieille garde. On reproche pêle-mêle à la nouvelle Première dame son comportement trop moderne, son jeune âge, son style, sa culture et son rôle supposé de conseillère officieuse de son époux. Autre motif de reproche, le style très « bling-bling » de la nouvelle présidence. Frank Sinatra et nombre de stars de Hollywood participent aux cérémonies qui accompagnent le début de mandat de JFK.

Contre toute attente, Jackie n'essaie pas de gouverner à la place de son époux. Elle se fixe un objectif prioritaire : rénover la Maison Blanche et ouvrir cette vénérable demeure à l'art. Même si elle doit faire face à de nombreux reproches portant sur les dépenses engagées, Jackie se cantonne donc au rôle très traditionnel d'une First Lady. Elle entretient un rapport assez distant avec les journalistes. Alors que JFK joue avec les médias et n'hésite pas à livrer des clichés intimes de sa vie de famille, Jackie préfère adopter un profil bas. Elle se montre modeste et affirme que son rôle d'épouse et de mère lui tient plus à cœur que celui de Première dame. Elle veille à ne pas faire de vagues et à ne pas trop livrer sa vie de famille en pâture aux journalistes.

Lors des visites officielles, le rôle de la First Lady paraît central. JFK s'amuse en disant qu'il est « l'homme qui accompagne Jackie Kennedy » mais, derrière cette boutade, apparaît la vérité d'un pouvoir médiatique qui s'impose. La présence de l'épouse du président déchaîne l'enthousiasme des photographes au point de voler la vedette à son époux. En bon politique, ce dernier sait tout l'avantage qu'il peut tirer de la présence de sa femme. Et il ne se prive pas de lui laisser la vedette. Sa rencontre avec la reine Elizabeth II entre dans la légende.

S'il est un domaine dans lequel Jackie donne sa pleine mesure, c'est bien celui de l'élégance. Elle a conservé de ses séjours parisiens le goût de la couture et des grandes griffes. Elle soigne le choix de ses tenues et impose un style subtil et inédit, fait de décontraction et de sophistication mêlées. Elle accorde le même soin à ses coiffures, que les femmes essaient de copier pour être aussi élégantes qu'elle.

Jackie ne se contente pas de veiller à l'entretien de la roseraie de la Maison Blanche, elle veut aussi ouvrir à son époux les portes du monde de l'art. Par son intermédiaire, il rencontre des artistes de premier plan et nombre d'intellectuels. Andy Warhol livre sa vision très personnelle de la First Lady qui accède cette fois au rang de modèle. La politique gagne en humanité et JFK affine son image.

La proximité avec le monde des artistes prend un tour désagréable pour Jackie quand le monde découvre Marilyn Monroe susurrer « *Happy birthday Mister President* » le jour de son quarante-cinquième anniversaire. Une fois de plus, la réputation de coureur de jupons du président est renvoyée à la face de Jackie qui continue à faire bonne figure.

Quand elle est invitée en croisière par le riche armateur Aristote Onassis, Jackie insiste pour faire le voyage. JFK hésite, craignant que cette escapade pour riches ne génère une mauvaise publicité pour son couple mais il finit par céder. C'est en 1963 que le président est tué alors qu'il traverse la ville avec son épouse dans sa voiture décapotée. Sous les yeux du monde, Jacqueline hurle en voyant son mari succomber aux balles en même temps que son destin bascule. Une fois de plus, elle est appelée à vivre une autre vie. Jackie en a l'habitude, elle fait partie de ses femmes capables d'endosser plusieurs rôles. Une seule vie ne lui aurait pas suffi.

Carla, la nouvelle Jackie ?

Deux étrangères qui découvrent et sont séduites par la culture et l'art de vivre à la française.

Deux intellectuelles qui se passionnent pour la littérature, la musique et la poésie.

Deux femmes cultivées qui ouvrent à leurs époux les portes d'un univers qu'ils connaissent mal : le monde de la culture et des artistes.

Deux icônes de la mode qui imposent leur style au point d'être copiées.

Deux élèves douées qui s'attachent à renvoyer l'image d'une First Lady traditionnelle en se consacrant à l'entretien du palais présidentiel et de ses jardins.

Deux figures publiques qui possèdent le magnétisme d'un aimant quand il s'agit d'attirer l'attention des photographes.

Deux épouses mises en scène par leur mari dans leur stratégie de communication.

Deux jeunes filles issues de la meilleure société et disposant d'une excellente éducation.

Deux femmes en or qui ne rechignent pas à fréquenter les milieux de la jet-set. Mais en Sarkozye, le yacht d'Onassis a été remplacé par celui de Bolloré.

→ Coefficient de Carla-compatibilité : 85 %.

Diana Spencer

La petite fille n'est pas née pour devenir princesse mais son éducation l'y a préparée. Elle découvrira à ses dépens que la vie de princesse est loin d'être un conte de fées.

Troisième fille du vicomte Althorp, huitième comte Spencer, et de la vicomtesse Frances Roche, fille du quatrième baron Fermoy, Diana naît le 1er juillet 1961. Six ans plus tard, le couple Althorp décide de se séparer après quatorze ans de mariage. Diana a mal vécu l'éloignement de ses parents et surtout leurs disputes qui deviennent parfois violentes. Une fois la décision de la séparation prise, les problèmes familiaux ne font que commencer. Une bataille judiciaire s'engage avec, pour enjeu, la garde des enfants. Frances fait figure de mère indigne qui ne veut plus s'occuper de ses enfants et son époux campe le rôle du pauvre père abandonné et totalement innocent dans cette affaire. Dans ce contexte lourd, l'inéluctable divorce du couple Spencer est prononcé en 1969. Frances se remarie un mois plus tard et la garde des enfants est confiée au comte Spencer.

Si Diana garde le sourire, elle conservera toute sa vie la blessure d'une harmonie familiale brisée. Dans un milieu très conventionnel, le divorce reste mal vu et la jeune fille souffre du regard des autres. Elle se sent écartelée entre deux camps et refuse de prendre parti, sauf contre l'abominable Raine Spencer, la nouvelle épouse de son père, une belle-mère qu'elle déteste. En quête de romantisme, elle dévore cependant les livres à l'eau de rose de la mère de Raine qui n'est autre que la plus grande spécialiste du genre: Barbara Cartland. Diana rêve de son prince charmant et lorsque Charles pose son regard sur elle, la jeune femme est persuadée qu'elle va vivre un conte de fées. En 1981, Diana épouse Charles au cours du mariage le plus médiatisé du siècle. Si la jeune princesse est encore totalement inexpérimentée, son époux a déjà pas mal bourlingué. Mais parmi toutes ses conquêtes et surtout les partis qu'on lui a prêtés, une femme se détache. Il l'appelle quelquefois Gladys mais son vrai prénom est Camilla. Bientôt, Diana découvrira l'ombre de cette femme devenue beaucoup trop envahissante dans son couple.

En quelques années, la petite oie écervelée que Charles pensait avoir épousée va se métamorphoser en femme experte en matière d'image et professionnelle des médias. Diana ne laisse rien au hasard pour s'imposer. Elle soigne son image, qu'elle travaille comme s'il s'agissait de son premier capital. Coiffures, vêtements, attitudes… la princesse contrôle tout et occupe la première place dans le couple. Charles pensait avoir déniché une épouse jolie et docile, destinée à devenir la mère de ses enfants. Il a hérité d'une femme rompue à l'exercice des médias qui lui fait de l'ombre. Il devient l'homme qui accompagne Diana et cela, il ne le supporte pas. La princesse de Galles était en apprentissage mais l'élève a dépassé le maître et semble bien déterminée à le dépasser ! Mais Diana n'aura pas le temps d'aller au bout de ses ambitions. Comme Astrid ou Grace, c'est dans une voiture que son destin se fracasse, contre les piliers d'un tunnel parisien. Une nouvelle mort tragique dans cette galerie de portraits comme garantie d'un mythe en marche.

Carla comme Diana ?

Les deux femmes sont issues d'une grande famille.

Toutes les deux ont connu un modèle familial mouvementé, même si Carla a longtemps ignoré les mystères entourant sa naissance.

Elles ont épousé un homme puissant en quête de la perle rare.

Princesse et First Lady, elles ont appris à maîtriser les médias.

Elles revendiquent leur futilité et se passionnent pour la mode.

Elles défendent les luttes qui leur tiennent à cœur et, au premier rang, la lutte contre le sida.

Même si elle a donné l'illusion de le contrôler, Diana a fini par être broyée par le système. Carla possède assez de détachement et d'expérience pour ne pas tomber dans le piège.

→ Coefficient de Carla-compatibilité : 20 %.

QUAND MONACO SE « DÉPIPOLISE », LES COUVERTURES DES *PEOPLE* MAGAZINES CARLA ET NICOLAS MONOPOLISENT !

Les médias ont horreur du vide. Depuis que les Grimaldi ont cessé de faire rêver dans les chaumières, les couvertures des magazines étaient en panne de glamour. Heureusement, le règne de Nicolas Ier a offert à la France une nouvelle famille princière.

Car en France, on n'est pas royaliste mais on n'aime rien autant que de suivre les bonheurs et les malheurs des têtes couronnées. Cette passion – très hexagonale – ne s'est pas démentie depuis que Marianne a supplanté les Louis, mais en l'absence de tête couronnée à la tête de l'État, il a bien fallu trouver une monarchie de substitution.

La petite entreprise Grimaldi

Heureusement, il existe au sud de la République un petit territoire qui résiste depuis longtemps à la vague républicaine. Cela fait des siècles que les Grimaldi ont conquis leur Rocher et cela fait quelques générations qu'ils ont entrepris d'en faire un pays à part entière. Grâce à Monaco, la France possède, elle aussi, sa famille princière, avec ses mariages, ses naissances, ses bisbilles et ses cérémonies comme seules savent en offrir les monarchies. Il faut dire que Rainier III n'avait pas lésiné pour faire le *show* dès le début de son règne. Le prince a commencé par défrayer la chronique avec ses amours fort peu conformes aux règles du gotha. À vingt-trois ans, il s'éprend de la comédienne Gisèle Pascal et l'installe dans une élégante villa de Saint-Jean-Cap-Ferrat. Hélas, le vieux prince Louis II s'oppose fermement au mariage et, de son côté, Gisèle refuse de renoncer à sa carrière. Cela s'annonce mal pour la romance, qui est dès lors vouée à l'échec.

Plus tard, la rencontre du plus jeune prince régnant d'Europe avec une des plus belles stars de Hollywood vient bouleverser les convenances du vieux continent. La principauté sort de l'anonymat dans lequel la reléguait un règne finissant et devient l'objet de toutes les curiosités. Le mariage éminemment glamour fait la une de *Paris Match* et de la plupart des magazines illustrés. Dès lors, la principauté n'en finira plus de faire la une (on ne disait pas encore le « buzz ») au cours des décennies qui ont suivi.

Un soap sans fin

Il faut reconnaître que les Grimaldi savent y faire en matière de scénario. Rappelons-nous les principaux épisodes de la saga : « Le mariage du prince et de la bergère », « Grace conquiert le monde », « La naissance des petits princes », « Grace refera-t-elle du cinéma ? », « Premier mariage et premier divorce pour Caroline », « La tragédie de la mort de Grace », « Les soupçons autour de Stéphanie », « La princesse du Top 50 », « Le remariage de Caroline », « Les enfants de la princesse », « Stéphanie et son bodyguard », « La mort tragique de Stefano Casiraghi, prince de la vitesse », « Le mariage de Stéphanie », « Les enfants de Stéphanie », « Le divorce de Stéphanie », « Le veuvage de Caroline », « Caroline se rase la tête », « Stéphanie au cirque », « Stéphanie dans son camping-car », « Le remariage de Caroline », « La naissance d'Alexandra », « Ernst August le prince cogneur », « La mort de Rainier le patriarche », « L'accession au trône d'Albert II », « Charlène, une sirène au Palais »…

Cette histoire aux mille et un rebondissements paraît ne jamais devoir s'essouffler. Quoique, depuis la mort de Rainier, cette belle mécanique cherche un deuxième souffle. C'est un peu comme si Monaco avait fini de faire rêver.

Sarko à la rescousse

La monarchie de substitution a fini de jouer son rôle mais rien n'est perdu puisque, désormais, c'est le président en personne qui garantit le show. Avant son arrivée sur le trône élyséen, Nicolas a déjà mis en scène Cécilia. Après la victoire, le comportement de la nouvelle Première dame fait jaser. Les médias murmurent et s'engouffrent dans la brèche que leur ouvre le président. La frontière entre vie privée et vie publique devient de plus en plus ténue. La séparation avec la princesse Cécilia de Neuilly paraît totalement inconcevable et, pourtant, elle ne tarde pas à survenir. Le monarque se retrouve seul et la probabilité de le voir retomber amoureux à court terme semble infime. C'est mal connaître le caractère de Nicolas le Pressé. Il ne faut attendre que quelques semaines pour que Carla surgisse et que la machine s'emballe.

La nouvelle amoureuse de Nicolas n'est pas n'importe qui. Vedette de la mode et de la chanson, fille de bonne famille, amante anticonformiste, Carla ne laisse personne indifférent. Les médias flairent la bonne affaire et couvrent la romance présidentielle comme s'il s'agissait d'une nouvelle histoire d'amour du gotha. Carla remplace Caroline à la une de *Match* et de *Point de Vue*. Les magazines *people* s'emparent de l'histoire qu'ils relaient avec force détails. Ce qui est vraiment nouveau, c'est que les *newsmagazines* suivent, eux aussi, cette nouvelle saga. Nicolas renvoie les Grimaldi aux oubliettes du récit *people* et impose sa *love story* à la une des magazines *people*. Carla accapare toutes les couvertures et devient l'épicentre de l'attention médiatique. Comme à la grande époque des Grimaldi, la famille « présiprincière » nourrit, semaine après semaine, la chronique. Le couple en vacances sur la côte, un cliché de Carla nue mis en vente, la révérence parfaite de Carla devant la reine d'Angleterre, le faux SMS de Nicolas, les prétentions du fils du souverain à conquérir un quartier d'affaires parisien, les moments d'intimité du couple apparemment volés mais pourtant savamment mis en scène, les premiers procès, le fascinant mélange entre le show-biz et le gotha… rien ne manque. Le couple assume son statut de star des médias et offre au bon peuple sa ration de rêve quotidienne.

Carla, marquise du Tout-Parry, ou l'itinéraire d'une libertine

Il s'agissait de trouver une nouvelle favorite au souverain quand madame du Barry est fort opportunément placée sur la route de Louis XV. La cour désapprouve une relation royale avec une courtisane de basse extraction. Carla n'est pas courtisane et encore moins issue de la France d'en bas. Mais quand on évoque les vertiges de l'amour, elle sait de quoi elle parle.

Carla aime les hommes et ne s'en est jamais cachée. En février 2007, elle donne une interview anti-langue de bois à *Madame Figaro*[1]. Il faut dire qu'à cette époque, elle n'a pas encore rencontré Nicolas Sarkozy :

> Je suis fidèle à moi-même ! Je m'ennuie follement dans la monogamie, même si mon désir et mon temps peuvent être reliés à quelqu'un et que je ne nie pas le caractère merveilleux du développement d'une intimité. Je suis monogame de temps en temps mais je préfère la polygamie et la polyandrie. L'amour dure longtemps mais le désir brûlant, deux à trois semaines [...]. Moi, je ne cherche pas particulièrement l'établissement des choses : l'amour et le couple ne me rassurent pas.

1. Interview réalisée par Richard Gianorio.

On ne peut être plus claire. Carla ne fait pas partie de ces femmes qui croient à la fidélité. La belle butine, rencontre, séduit, tombe amoureuse puis, rapidement, se fatigue. Elle chasse et assume son personnage.

> Je préfère qu'on me traite de prédatrice plutôt que de vieux sac à puces ! Prédatrice, ce n'est pas si mal pour une fille : ça déplace le jeu ; normalement, une fille est une proie[2].

Carla aime l'idée de l'amour et, surtout, chérit par-dessus tout le mot « amoureuse ».

> Un moment que j'adore, celui que l'on vit quand on vient juste de tomber amoureux : pendant quelques heures, quelques jours ou quelques semaines, il y a vraiment le ciel dans votre chambre. Après le plafond arrive[3].

Avant de devenir reine, Carla, qui craint le traintrain de la routine, n'avait même pas envie de devenir une dame...

> Je n'ai pas envie de devenir une dame et de renoncer complètement à la violence de ma jeunesse. Et en même temps, quand les jeunes m'appellent « madame », ça ne me déplaît pas. L'autre jour, dans le métro, un jeune garçon m'a dit : « T'es trop bonne, madame. » C'est contrasté, j'adore[4].

Le problème, c'est que Carla se méfie. Avec le temps et à force de se fréquenter, elle a appris à avoir confiance en elle. Hélas, elle ne peut pas en dire autant des autres :

---

2. *Madame Figaro*, 15 février 2007.
3. *Ciné Télé Revue*, mars 2003.
4. *Madame Figaro*, 15 février 2007.

> Mon problème ? Le rapport à l'autre. Le manque de confiance. Pas en moi… en l'autre. Je ne fais pas confiance, je ne délègue jamais. C'est pour ça que je ne me sens jamais à l'aise en couple[5].

Autre bête noire de la belle ? La monotonie. Elle le dit clairement à *Paris Match* en 1996, sous la forme d'une déclaration qui peut faire frémir ses partenaires :

> En amour, le quotidien me pèse, très vite j'ai le sentiment de suffoquer, et là j'ai tendance à tout détruire.

Fait rare dans la bouche de *people*, Carla trouve de nombreuses vertus à l'infidélité. Elle considère que cette dernière fait partie de la nature humaine et récuse pour sa part toute accusation de voleuse de mecs :

> Un mari ne se vole pas. On sait le garder ou pas[6].

La princesse Carla conclut avec philosophie qu'il existe trop de gens à qui elle plaît et qui lui plaisent. Une vie suffira-t-elle à combler tous ses rêves ?

La belle entretient un flou très artistique sur sa vie affective. Quand on aime, on ne compte pas et, en matière d'hommes, Carla n'a jamais compté ! Elle prend des accents féministes pour fustiger la « bien-pensance » communément admise qui tresse des lauriers aux hommes qui séduisent les femmes mais considère comme des p… les femmes qui collectionnent les hommes. Les Français sont des Latins qui considèrent que les hommes peuvent

---

5. *Ibid.*
6. *Elle*, octobre 2000.

toujours faire ce qu'ils veulent. Dès 1991, elle se confiait à *Elle* avec beaucoup de sincérité :

> Un homme doit me prendre en bloc : enfance, famille, souvenirs, amis, coutumes, c'est un lot. Si je devais abandonner tout ça, je deviendrais si méchante que cet homme me quitterait.

En matière de passion, Carla connaît bien la force de la séduction.

> Pour moi, le physique est insuffisant pour la séduction. Ça donne un quart d'heure d'avance, c'est tout[7].

La reine de l'amour entretient un rapport trouble avec la séduction, qu'elle compare à un petit travail de comédie. D'un clin d'œil ou d'une main passée nonchalamment dans les cheveux, Carla s'amuse à plaire mais ces artifices ne lui suffisent pas. Elle préfère convaincre que séduire. Elle se sait très belle mais veut que l'on sache que sa véritable beauté, c'est au plus profond d'elle-même qu'on la trouve. Avec philosophie, elle va jusqu'à déclarer à *Paris Match* en 1996 :

> Mon meilleur âge viendra quand je serai libérée de mon besoin d'être désirée.

En juillet 2008, Carla se confie à nouveau au *Figaro*. Mais cette fois, le ton a changé. Entre-temps, un anneau est venu lui orner le doigt. Et la princesse de Turin est devenue reine de France.

---

7. *Ciné Télé Revue*, mars 2003.

> C'est un mariage d'amour. Plus exactement, c'est un amour avec un mariage. Je suis une femme tout à fait éprise… Je n'imaginais même pas rencontrer un amour aussi important. C'est un grand amour. C'est mon premier mari. Je crois que quand on tombe amoureux aussi profondément, aussi immédiatement, c'est qu'on est prêt.

Le même mois, elle explique à *Elle* son changement d'attitude par rapport à l'institution du mariage. En parlant de Nicolas, elle dit :

> C'est quelqu'un qui aime le mariage, non pas par convention, mais plutôt, justement, par goût de l'engagement. Lorsqu'il s'investit, il s'investit totalement. Je ne me suis pas mariée pour faire plaisir à son électorat. Pas du tout ! En vérité, j'ai simplement eu envie de l'épouser et très vite.

En février 2008, Carla donne une interview à *L'Express* qui ressemble à un message envoyé aux Français, comme si elle tenait absolument à les rassurer sur ses intentions :

> Je suis de culture italienne et je n'aimerais pas divorcer… Je suis donc Première dame jusqu'à la fin du mandat de mon mari et son épouse jusqu'à la mort. Je sais bien que la vie peut réserver des surprises, mais c'est là mon souhait.

Une fois devenue reine de France, Carla doit répondre à des questions liées à son nouveau statut de Première dame. Avec humour, elle affirme à *Paris Match* que le rôle de Première dame, ce n'est quand même pas la mine. De passage à Ouagadougou en février 2009, elle lâche quelques mots dans un discours qui bénéficie d'un large écho :

> Ce n'est pas parce qu'on a épousé un violoniste que l'on peut jouer dans l'orchestre !

Toujours avec humour, elle ajoute concernant son mari :

> Le vrai anticonformiste, c'est mon mari. Il l'est plus que moi. La preuve, il m'a épousée[8].

La reine lève un voile sur sa vie de couple avec Nicolas. Et qu'on se le dise, leur vie est placée sous le signe de la normalité. Cela suffira-t-il au Français moyen pour s'identifier au couple souverain ?

> Dans la semaine, nous dînons chez nous tous les soirs. On sort peu. C'est difficile de voir ses amis, des expos, des films. Pas par souci de l'opinion, mais à cause de l'emploi du temps de Nicolas. Il arrive très tard, on dîne, on parle, on regarde un film, on lit et, très vite, il est minuit. Il y a peu de temps, nous sommes tout de même allés au cinéma[9].

Quelques mois après son couronnement, le discours a bien changé. La prédatrice qui s'assumait a cédé la place à une épouse casanière qui envisage le mariage comme un engagement définitif. Carla la rebelle transfigurée en Carla la sainte ? On a vu des reconversions encore plus improbables…

8. *Elle*, juillet 2008.
9. *Ibid.*

ANDRÉE SARKOZY – MARISA BRUNI-TEDESCHI LE DUEL DES REINES MÈRES

À la cour de Nicolas Ier, il y a des nuées de courtisans, d'anciennes favorites potentielles, une reine de l'élégance et… deux reines mères qui se distinguent par leur franc-parler.

Marie-Dominique ? Cécilia ? Carla ? Toutes ont aimé ou aiment encore mais aucune ne peut prétendre être la femme de sa vie. La seule, la vraie porte le surnom de Dadu et a hérité du titre de reine mère lorsque son cher fils a coiffé la couronne sarkozyenne.

Flash-back. À la maison familiale, le petit Nicolas fait l'objet de toutes les attentions de ces dames. Il y a sa mère Andrée (Dadu) mais aussi sa tante Suzanne (ou plus simplement Loulou) qui veillent sur lui. Le garçon un brin choyé grandit loin du référent paternel et prend exemple sur une mère inflexible. Il marche même sur ses traces en faisant siennes ses valeurs et sa carrière. Comme elle, il opte pour une carrière d'avocat et, comme elle, il place par-dessus tout la valeur de l'effort. Andrée n'est pas le genre de femme à se plaindre et elle n'a pas la larme facile.

Pal l'emballeur

Pour son plus grand malheur, Dadu a succombé au charme d'un coureur de jupons invétéré et un brin mytho. Pal Sarkozy se présente comme un aristo hongrois chassé par les communistes et il faut bien reconnaître qu'il en a le charme. Ses antécédents chevaleresques ne l'empêchent pourtant pas de plaquer femme et enfants à la naissance de leur troisième fils. La femme trahie ne se laisse pas aller pour autant. Elle est coquette, drôle et, surtout, elle maîtrise l'art de la séduction. Sur le plan professionnel, elle convainc davantage par son allant et sa joie de vivre que par ses qualités intrinsèques. On la dit brouillonne au point de s'emmêler les pinceaux dans ses dossiers mais elle possède une énergie qui tranche par rapport à ses collègues au ton souvent convenu et compassé. Dadu virevolte et son petit Nicolas est fier d'elle. Quand il sera grand, lui aussi, il virevoltera !

Nicolas et les filles

Nicolas aime les femmes, il ne s'en cache pas mais il se distingue aussi par le traitement de choix qu'il leur réserve. Fait rare en politique, il a tendance à ne pas discriminer le sexe que l'on a longtemps dit faible. Cette attitude est donc directement liée à son éducation. Il vit chez maman jusqu'à son premier mariage et ce Tanguy en puissance va jusqu'à habiter avec son épouse dans un petit appartement au-dessus de chez sa mère. Nicolas n'avait que quatre ans lorsque ses parents divorcent et les psys ne se sont pas gênés pour décrypter les rapports ambigus qu'il entretient avec les figures paternelles. Il ose même trahir Jacques Chirac, l'homme auquel il doit pourtant beaucoup.

Les témoignages abondent pour décrire son comportement de petit garçon dans les situations les plus diverses. Et s'il se comporte comme un gamin qui a enfin obtenu tout ce qu'il voulait, il ne supporte pas qu'on le lui dise. Le souverain n'a toujours pas digéré l'allusion au « petit garçon dans la cour des grands » de Patrick Poivre d'Arvor. Il est fasciné par tout ce qu'il ne possède pas encore mais qu'il brûle d'obtenir. Argent, reconnaissance, beauté, prestige... Il est boulimique de reconnaissance et n'aspire en définitive qu'à un seul désir, celui d'être aimé. De l'amour, Dadu, lui en a donné et lui en donne encore.

Dadu, un peu de talent mais pas de talon

Quand son fils monte sur le trône, Dadu accède par la grâce élyséenne au rang – d'autant plus envié que peu exercé – de reine mère. La Ve République nous avait habitués à des présidents plus âgés qui avaient coupé depuis longtemps le cordon ombilical. Dans les premiers mois du règne, Dadu se montre loquace. Les journalistes l'interrogent et elle ne se fait pas prier pour répondre. Le jour de la victoire, elle se plaint amèrement de ne pas être invitée à la fête. Elle juge Jean-Pierre Raffarin très drôle et s'extasie sur le savoir-faire des dames de la suite présidentielle qui sont capables de porter des talons hauts. Pour sa part, la reine mère est adepte des mocassins Tod's, ce qui la rapproche peut-être du terrain et de la réalité des choses. Très fière de son rejeton, elle regrette un peu ces jours bénis où elle était plus proche de lui, lorsqu'ils étaient, selon sa propre expression, « collés ».

Quand le président chinois la félicite à propos de Nicolas, elle lui répond du tac au tac qu'elle a deux autres fils qui sont très bien eux aussi. Qu'on se le dise, Dadu n'a pas sa langue dans la poche. Et quand survient la nouvelle de la séparation de Cécilia et Nicolas, il ne faut pas la pousser beaucoup pour qu'elle révèle le fond de sa pensée. Bien sûr, elle regrette cette triste séparation mais elle reconnaît rapidement que Cécilia était « très mystérieuse ». Leurs rapports étaient corrects mais ses filles étaient « froides et distantes comme leur maman ». La voix de la belle-mère s'est exprimée et, de toute évidence, ce n'était pas le grand amour entre Dadu et l'ex de Jacques Martin.

Vive le célibat !

Quand Nicolas se retrouve célibataire, elle confesse : « Vous savez, à ce poste, il ne peut qu'avoir l'embarras du choix. Mais j'espère que personne ne se remariera ! J'en ai marre des mariées ! » Mais Dadu connaît assez bien son fils et son horreur du célibat pour savoir que la solitude présidentielle ne durera pas. Il n'empêche, Elle s'accroche et tente de lui faire entendre raison : il ne doit pas se remarier. D'ordinaire respectueux envers sa mère, Nicolas n'a pas envie de suivre ses conseils et passe outre. Quand les épousailles avec Carla sont annoncées, la reine mère donne finalement son consentement. C'est bien simple, elle juge même Carla « par-fai-te » ! Pourtant, ce nouveau mariage marque le début d'un relatif effacement de l'énergique Andrée dans l'aréopage royal.

L'homme qui aimait ses belles-mères

Il faut préciser que Nicolas ne se limite pas à vénérer sa maman. Il voue aussi une solide affection à ses belles-mères successives, notamment à Rosine, la mère de sa première épouse Marie-Dominique. Elles le touchent et il les aime. Leur relation est complexe, teintée de respect, de complicité et de soutien mutuel. En épousant Carla, Nicolas ne se doutait pas qu'il liait aussi son destin à Marisa Borini-Tedeschi, une belle-maman à l'italienne du genre à occuper beaucoup d'espace.

Alberto Bruni-Tedeschi a quarante-trois lorsqu'il épouse Marisa Borini, une jeune pianiste et concertiste diplômée du conservatoire Giuseppe Verdi. Issue d'une famille franco-italienne, la jeune fille le séduit et vient vivre dans son palais somptueux où le temps semble s'être arrêté. Plus tard naissent les enfants qui connaissent la même vie dorée et assez éloignée des réalités du commun des mortels. Les parents et les enfants ne dînent pas ensemble et c'est chez une nounou très présente que Carla trouve l'affection qui lui fait défaut.

Les ambitions de Marisa

Marisa, qui n'a pas réussi à faire une grande carrière, nourrit les plus hautes ambitions pour sa progéniture. La vie lui a appris l'importance des rencontres et elle veille à ce que ses enfants fréquentent les cercles les plus en vue de la jet-set. Même si elle a délégué une partie de leur éducation, Marisa est très proche de ses filles. Elle revendique même un comportement « à l'italienne » qui la pousse à leur parler chaque jour (au moins au téléphone) pour être au courant de tout. L'ascension de Carla entraîne *de facto* sa mère dans l'ascenseur républicain. En l'espace de quelques semaines, on s'aperçoit que Marisa est partout. On la voit en Égypte, à Londres, à Disneyland, à Versailles et même au Vatican. Les photographes enragent même d'avoir toujours « la belle-mère dans le champ » et les commentateurs politiques s'interrogent sur la légitimité de sa présence lors de certains voyages officiels. C'est un peu comme si le roi avait convolé deux fois, une fois avec la fille, l'autre fois avec la mère !

Marisa, superstar et bavarde

Non seulement, Marisa *truste* l'objectif des photographes mais en plus, elle parle ! Si les journalistes lui posent des questions concernant la romance de sa fille, elle répond. Elle n'a que trop attendu les sirènes de la célébrité pour faire la fine bouche aujourd'hui ! Elle estime que Carla a beaucoup à apporter à Nicolas, à commencer par l'amour de l'art. Même si sa fille accède au statut de Première dame, elle continuera à écrire et à se consacrer à ses activités artistiques.

Après un flou artistique comme on les aime dans la famille Bruni-Tedeschi, la nouvelle du mariage est rendue publique. Marisa peut enfin se confier à la presse et, comme cela fait plusieurs jours qu'elle est condamnée au silence, elle le fait avec soulagement. Elle confesse être au courant depuis quelques jours mais qu'il lui fallait absolument respecter le secret. Elle se déclare très heureuse pour sa fille et son beau-fils, même si elle redoute que Carla ne soit pas tout à fait au courant de ce qui l'attend. Bien sûr, Marisa exulte et compte bien jouer son rôle de belle-mère accédant, elle aussi, au rang convoité de reine mère de la Sarkozye triomphante.

Il faut calmer belle-maman !

En réalité, ce n'est pas Carla qui semble avoir le plus de mal avec les règles en usage à la tête de l'État, mais bien Marisa. Elle annonce à la presse italienne avec un zeste de précipitation le prochain voyage de sa fille en Angleterre. Imaginez le tableau, la petite Carla issue de la haute bourgeoisie présentée dans les règles de l'art à la plus prestigieuse souveraine du monde. La reine Elizabeth II adouberait d'une certaine manière Carla et, de manière indirecte, Marisa ! Il faut recadrer l'incontrôlable belle-mère un peu trop généreuse en confidencçs, d'autant plus que les médias français font leurs choux gras des petits problèmes domestiques de la famille. La question du tout-à-l'égout de la propriété au Cap-Nègre fait même les beaux jours de la presse satirique.

Prêtes pour la régence ?

Après une entrée tonitruante dans la sphère publique, la reine mère Marisa adopte un profil beaucoup plus bas. Jadis, la couronne avait fort à faire pour gérer les reines mères jugées trop remuantes. Blanche de Castille dictait ses volontés à Louis IX avant qu'il ne devienne Saint-Louis. Catherine de Médicis gérait sa progéniture comme un bon paysan le fait de son cheptel. La tonitruante Marie de Médicis finit par être condamnée à l'exil par son fils Louis XIII à force d'avoir voulu diriger la France. Anne d'Autriche fut confrontée aux frondes alors que son fils, le jeune Louis XIV n'était pas encore en âge d'exercer le pouvoir.

La France de Nicolas Ier connaît la situation inédite d'un couple souverain et de deux belles-mères qui n'ont pas leur langue en poche. Mais, pour l'heure, la régence n'est pas encore à l'ordre du jour. Dommage, deux candidates seraient prêtes à faire don de leur personne pour sauver le royaume.

Plus belle leur vie ! La mise en scène de l'intimité de Carla et Nicolas

Louis XIV était un homme de spectacle. Sur scène, le roi aimait la danse mais, dans les appartements de Versailles, il avait mis en scène la vie de la famille royale comme si elle avait été l'objet d'une représentation théâtrale. Sous Nicolas Ier ? Les choses n'ont pas changé !

Lever du roi, repas du roi, coucher de la reine… Jadis, chaque moment de la journée du monarque faisaient l'objet d'une scénographie bien particulière auquel le public était convié. D'autres circonstances, plus exceptionnelles, faisaient également l'objet d'une représentation. Les souverains naissaient et mouraient en public. Même les nuits de noces royales bénéficiaient d'une publicité à la hauteur de l'événement dans les couloirs du château.

Le roi et ses princes

Sous le règne de Nicolas Ier, la tentation de mettre en scène l'intimité présidentielle est grande. Lors de son accession à la tête de l'UMP, le président place son fils Louis au centre de la scène pour lui donner quelques mots d'encouragement. Compte tenu de son âge, c'est une vraie famille recomposée qui fait son entrée à l'Élysée lors de son accession au trône. Notons que sur trois fils, Nicolas a réussi à donner deux prénoms portés par des rois de France : Jean et Louis. Quant à Pierre, le patronyme fut carrément porté par le plus grand tsar de l'histoire de Russie.

À l'époque, la princesse Cécilia est encore au côté de son époux et les enfants paraissent se fréquenter avec harmonie. Jean et Pierre (les fils de Nicolas Sarkozy et de Marie-Dominique Culioli), Judith et Jeanne-Marie (les filles de Cécilia et de Jacques Martin) et Louis (le fils de Nicolas Sarkozy et de Cécilia Ciganer-Albéniz) se retrouvent sous les ors du palais. Difficile de ne pas songer aux grandes heures de la monarchie « louis-quatorzième », quand le souverain associait les enfants nés de ses différents lits. Chaque héritier est légitimé par ses liens avec le souverain.

Lors de la longue route qui mène son mari au pouvoir, Cécilia joue un rôle de premier plan. Nicolas encourage même les médias lorsqu'ils révèlent son influence au ministère de l'Intérieur. La séparation des époux fraîchement couronnés constitue une première dans l'histoire, d'autant plus que, à l'inverse de Napoléon et de Joséphine, ce n'est pas Nicolas qui a répudié Cécilia. C'est l'épouse qui a plaqué son prince et l'affaire fait grand bruit.

Carla, l'héroïne de la nouvelle saison

L'arrivée de Carla change la donne et restaure Nicolas dans son statut d'homme à la fois marié et séducteur.

Mieux, il peut même se vanter d'avoir conquis l'une des plus belles femmes de son temps. Afin de la présenter au bon peuple de France, il se lance dans une habile mise en scène de sa vie privée. Tout commence par une visite à Disneyland au cours de laquelle sont pris les fameux clichés qui rendent publique la rencontre inattendue. Sous les auspices de Mickey et de Minnie, Carla devient l'héroïne d'une nouvelle saison de la série à succès « Plus belle ma vie de Sarkozy ! ». Cette fois, le casting est soigné et Nicolas ne cache pas sa joie. Quand il prononce la phrase depuis lors entrée dans la légende : « Carla et moi, c'est du sérieux », les journalistes se pincent, histoire d'être sûrs d'avoir bien entendu. Le souverain de la France s'exprime comme un ado, trop content d'exhiber sa nouvelle conquête. Dans d'autres couches sociales du bon peuple de France, on s'exclamerait volontiers : « Zy va, z'avez vu la meuf que je me suis péchô ? Elle est bonne, hein ! », mais le message est le même. Le roi est content et fier de révéler sa nouvelle relation.

Carla est entrée dans le dispositif élyséen et devient l'une des clés de la politique de communication du chef de l'État. Dès lors, elle doit être mise en scène et apporter un autre éclairage sur l'homme providentiel qui s'est transformé en caricature en l'espace de quelques mois. Le souverain est un hyperkinétique hyperactif ou encore un homme d'État doublé d'un Zébulon hypervitaminé. Carla présente au peuple une autre facette de son roi. Elle le calme, l'apaise, lui ouvre les portes de mondes qu'il ne connaît pas. Dans le couple, les rôles sont clairement distribués. L'énergie virile et la diplomatie féminine associés à la tête de l'État, comme un ying et un yang revisités.

Le meilleur épisode de la saison 1

Avec un professionnalisme que personne ne lui conteste, le couple enchaîne les épisodes de sa sitcom. « Carla se promène à Versailles », « Carla en Jordanie, la nouvelle merveille du monde », « Carla en Égypte sur les traces de Cléopâtre », « Carla sort son bibi à Londres »… Et voilà que la reine invite quelques lectrices de *Femme actuelle* à la rencontrer au palais. La rencontre sera bien évidemment filmée et, ô miracle de l'imprévu, voilà que le souverain pousse la porte pour saluer son épouse. Nicolas apparaît et plaisante avec des représentantes du tiers-état. Carla et son roi sont tendres devant la caméra et elle se laisse aller jusqu'à l'appeler « chouchou ». Pour un peu, on croirait revenir à la grande époque de la série *Un gars, une fille* sur France 2.

Cette fois, la mise en scène de la quotidienneté royale atteint un niveau encore inédit dans l'histoire de la Ve République. Après avoir été mannequin et chanteuse, Carla fait ses débuts de comédienne. Elle manque encore de naturel mais révèle des accents prometteurs. Attendons la prochaine cérémonie des Césars pour savoir si elle cueillera un trophée du meilleur espoir féminin.

CARLA.COM
LES SITES DE LA REINE CARLA

La reine-Janus a deux visages. Chanteuse et Première dame. Catwalk et salons de la République. Hortefeux et Marina Petrella. Pour incarner les deux faces d'une même réalité, il fallait au moins deux sites internet[1]. Le premier, *carlabruni.com*, est dédié à sa carrière de chanteuse. Le nom du second, *carlabrunisarkozy.org*, annonce d'emblée la couleur. Cette fois, c'est bien de l'épouse du président de la République qu'il s'agit !

marie-antoinette.fr

En consultant les archives, nous avons pu consulter les documents préparatoires pour la mise en place du site *marie-antoinette.fr*. La Révolution n'a pas permis la concrétisation du projet mais nous révélons en exclusivité à nos lecteurs ce que ce site royal aurait dû comporter. La page d'accueil présentait un portrait de Marie-Antoinette peint par madame Vigée-Lebrun devant le château de Versailles. Le site contenait les adresses mode préférées de la reine, ses conseils de beauté ainsi qu'une visite

1. Sites consultés en décembre 2009.

virtuelle du château de Versailles. Un onglet « Hameau de la Reine » apprenait aux visiteurs comment recueillir les œufs des poules et apprendre à traire les chèvres. Un formulaire « Contacts » était prévu pour communiquer avec la souveraine et, rayon « Concours », un voyage en Suède avec le beau Fersen pouvait être gagné. Enfin, le site aurait dû être pourvu de liens très instructifs. L'un d'entre eux renvoyait vers la Maison de Habsbourg, un deuxième vers *www.serruresLouisXVI.fr*, le site officiel de l'époux de la reine, et un troisième invitait les visiteurs à suivre leurs premières leçons d'allemand sous le titre « Sprachen mit Maria-Antonia ». Hélas, le site de Marie-Antoinette a été tué dans l'œuf à cause de la Révolution, contrairement à ceux de sa lointaine descendante, la reine Carla.

carlabruni.com

Sur *carlabruni.com*, des petits papillons bleus virevoltent. Une longue et avenante esquisse de Carla voyage au fil des pages du site mais il ne faut pas surfer longtemps pour s'apercevoir que les mises à jour tardent un peu. En fait, on aurait presque le sentiment que cette Carla-là (la chanteuse) est passée au second plan ou, à tout le moins, en *stand-by*. Une chose est sûre, pour qui veut en savoir plus sur la reine de France, c'est ailleurs qu'il faut chercher.

carlabrunisarkozy.org

Surfons donc plutôt sur *carlabrunisarkozy.org*. Le site officiel de l'épouse du président de la République relève le difficile défi d'être le reflet *web* d'une femme qui possède beaucoup de facettes. Dès la page d'accueil, nous découvrons les activités récentes de la First Lady. Carla rencontre les petits chanteurs de Bondy, Carla visite le Samu social, Carla se rend à Doha pour rencontrer l'épouse de l'émir du Qatar, Carla devient l'héroïne du dessin animé à succès des *Simpsons* – nous reviendrons sur ce dernier dossier. Cliquons vite au sommet de la page où nous sommes invités à découvrir le portrait d'une femme qui sort du commun. Voici ce qu'on peut y lire :

> [...] Aussi à l'aise dans le vouvoiement que dans le tutoiement, c'est une femme née avec les premiers courants d'émancipation féminine, curieuse d'interroger les contradictions qui habitent tout être marchant d'un pas sûr vers son époque. « Sans avoir inventé la minijupe ou participé au droit de vote des femmes, elle est dans sa façon d'aborder le monde l'expression de ce qu'est une femme aujourd'hui », dit un de ses plus proches amis[2].

Le ton est donné, les vies de la reine Carla se croisent, se mélangent parfois mais ne se heurtent jamais. Elles sont le reflet d'une femme qui ne craint pas d'affronter ses contradictions. Le site décrit les différentes activités de la Première dame à travers sa fondation et son action contre l'illettrisme et le Fonds mondial contre le sida. Si les contours de son action en France tardent à se préciser, on en apprend un peu plus sur son activité dans le cadre du Fonds mondial. Le site présente notamment le plan média de la Première dame à l'occasion de la journée de lutte contre le sida.

2. Texte de Ludovic Perrin.

Mais c'est un autre chapitre du site qui retient vraiment notre intérêt. Il présente l'abécédaire de la reine Carla, destiné à croître et embellir au fil de l'action de la Première dame. D'emblée, cet improbable patchwork étonne par sa variété et, aussi, une certaine sincérité. Carla y confirme ses convictions en matière d'ADN et rend hommage à Fadela Amara qui a été invitée par l'épouse du président lors de son *Grand Journal* sur Canal + le 18 septembre 2008. À la lettre B, elle réagit à l'expression « bling-bling » en déduisant que le style Sarkozy est peut-être décrié mais qu'il fait vendre beaucoup de papier si l'on en juge par le nombre de couvertures qui lui sont consacrées ! L'abécédaire nous apprend que Carla descend à l'hôtel Carlyle lorsqu'elle se rend dans l'Upper East Side à New York et nous rappelle fort opportunément son bon score d'audimat lors de son passage (déjà évoqué) sur Canal.

Elle met en avant les personnalités qui la touchent ou l'impressionnent : le Dalaï Lama, Martin Hirsch, Rania de Jordanie, Marina Petrella ou Michelle Obama. Le casting des amis de Carla paraît assez hétéroclite mais il est à l'image d'une Première dame qui accepte ses contradictions. Au rayon des rieurs, elle épingle *Le Canard enchaîné* et son célèbre *Journal de Carla B*. Elle en profite pour tordre le cou à un bobard selon lequel elle serait l'auteur de la célèbre rubrique hebdomadaire. Elle évoque aussi l'épisode de la pub Ryanair contre laquelle elle a porté plainte et rappelle d'où lui vient son surnom de « sœur Sourire ». À la lettre S, nous lisons ainsi :

> En septembre 2008, Michèle Stouvenot dans *Le Journal du Dimanche* : « Carla Bruni, c'est louve ravie,

> Bernadette Soubirous sortant de la grotte, Blandine vierge et martyre, une sœur Sourire bis. » Avec sœur Sourire, chanteuse belge révélée en 1963 avec le single *Dominique*, on pourrait effectivement établir des parallèles : une guitare, des chansons d'auteure-compositrice, des premières places au Billboard, un rayonnement international [...].

Bien sûr, le parallèle entre la religieuse défroquée et la prédatrice rangée s'arrête là mais il faut reconnaître que la reine ne manque pas de recul sur elle-même.

Toujours désireuse de remettre les pendules à l'heure, la reine Carla livre aussi sa version du mariage qui a fait couler tant d'encre. Voici donc ce que nous lisons à la lettre M comme « mariage » :

> **Cérémonie attendue (2 février 2008)**
> Le *Journal du Dimanche* l'annonçait pour le 8 février 2008. Ce fut plus tôt encore. Le 2 février, à 10h45, Nicolas Sarkozy clôt une réunion sur le Tchad. Les premiers invités arrivent par l'avenue Gabriel – le 55, rue du Faubourg-Saint-Honoré est truffé de paparazzis. Au premier étage de l'Élysée, une vingtaine de personnes assistent au mariage le plus attendu de l'année : Nicolas Sarkozy et Carla Bruni – seul Gaston Doumergue s'était déjà marié durant un mandat présidentiel, en 1931. Dans la salle Louis XV jouxtant le bureau du chef de l'État, aucun portrait du président de la République. « Je l'ai devant moi », plaisante le maire du VIIIe arrondissement François Lebel, chargé de la cérémonie. En dix minutes, le temps de lire le Code civil, Carla Bruni-Tedeschi, 40 ans, dit « oui » à Nicolas Sarkozy, 53 ans [...].

Voilà pour l'abécédaire mais c'est à l'onglet « Actualités » que nous apprenons la version carlienne de la diffusion de l'épisode des *Simpsons* qui a mis en scène le couple présidentiel français :

Apparition dans un épisode du célèbre dessin animé (15 novembre 2009)

Woody Allen ne semble pas être le seul à penser à Carla Bruni-Sarkozy ! Deux mois après la venue largement commentée du couple Sarkozy à New York, Matt Groening a eu l'idée d'offrir un rôle à notre Première dame de France dans sa série culte les *Simpsons*. Le 15 novembre 2009, dans un épisode intitulé *The Devil Wears Nada* (parodie du titre *Le Diable s'habille en Prada*), le célèbre créateur de dessin animé croquait Carla Bruni-Sarkozy sous les délicieux atours de la femme française telle qu'on peut se la figurer outre-Atlantique, 100 % fatale et transgressive. Dans une robe citant le fourreau violet Hermès porté lors de la venue du chef d'État israélien Shimon Peres à l'Élysée en mars 2008, Carla Bruni-Sarkozy apparaît à Carl Carlson lors d'une soirée au Ritz, un verre de vin et une cigarette à la main. Aussitôt, le nouvel employeur d'Homer Simpson tombe amoureux de la belle inconnue. Mais c'est lorsqu'il décide de s'installer à Paris que son employé lui révèle l'identité de la Parisienne, tout en menaçant d'appeler le président français. Coup de fil à l'Élysée. Et Nicolas Sarkozy, un morceau de camembert sur son bureau, de décrocher d'un « *Hello, you are getting cozy with Sarkozy...* » (« Bonjour, avec Sarkozy vous êtes à l'aise ! »), la belle à ses côtés comme dans un *James Bond* de providence. Ainsi, le couple Sarkozy entrera-t-il dans l'histoire du plus célèbre dessin animé américain – le meilleur du XXe siècle selon le *Time* –, après George Bush, Tony Blair, John Fitzgerald Kennedy, Mick Jagger ou George Clooney. Car, excepté un furtif général de Gaulle dans un précédent épisode, il s'agit bien là de la première apparition de personnalités

> françaises dans les *Simpsons*. En 1998, le *Time* avait classé Bart Simpson parmi les personnalités les plus influentes de la planète. Il n'y a donc aucune raison pour que les personnalités les plus influentes de la vie réelle ne deviennent à leur tour des personnages de cartoons !

Nous quittons le site de la reine de France avec une impression mêlée… Des initiatives mais encore peu de dossiers très concrets. Un look à la fois sage et actuel. Des références qui oscillent entre les sphères du *people*, du caritatif et de l'art. Mais aussi une liberté de ton affichée et un désir rafraîchissant de bousculer les lois du genre. Bref, un site moins net que prévu pour une Première dame et qui gagne à être visité pour cerner la personnalité de la reine. Une reine bien trop futée pour se laisser piéger par la toile.

PSY-SHOW
LA REINE CARLA SUR LE DIVAN

Du jamais-vu à la cour de France ! Après avoir été la première souveraine à pousser la chansonnette, Carla brise un autre tabou en révélant que Sa Majesté s'allonge sur le divan. Parmi les causes qui lui tiennent à cœur, la psychanalyse occupe une place de choix.

Tout le monde devrait faire une analyse…

Avant son accession au trône en février 2008, Carla s'était confiée au magazine préféré des adeptes du divan. Dans un de ces entretiens dont il a le secret, *Psychologies magazine* décrypte ainsi l'âme de la belle qu'il présente comme loin d'être bête. Carla y révèle qu'elle est issue de la grande bourgeoisie mais pas de la bourgeoisie bornée. Très jeune, elle affirme son goût pour le *home sweet home* et se montre assez casanière. Son arrivée en France ne fut pas pénible puisque ses origines du nord de l'Italie en font une cousine très proche de l'Hexagone.

Quand le journaliste la questionne sur le côté frivole de son métier, le top se rebiffe. Elle reconnaît que son métier est privilégié mais ne le juge pas frivole pour autant. Elle considère que tous ceux qui travaillent leur corps ne peuvent pas être inintéressants puisqu'ils sont capables de volonté et de contrôle sur eux-mêmes. Le seul défaut pour lequel Carla n'a aucune pitié est l'égocentrisme, un défaut malheureusement très répandu dans le show-business.

Après l'avoir interrogée sur ses relations avec Arno Klarsfeld et un philosophe, le journaliste lui pose une question indiscrète concernant ses mensurations qui sont précisées sur internet. Un tel étalage de données intimes ne la gêne-t-il pas ? Carla sourit... Selon elle, son métier n'est pas impudique puisqu'elle peut se montrer sans montrer l'essentiel. Mais c'est surtout quand le journaliste évoque la psychanalyse que Carla s'enthousiasme :

> C'est la découverte du siècle ! Tout le monde devrait faire une analyse... Malheureusement, il y aura toujours des gens qui n'auront pas envie de sc sentir mieux. La psychanalyse est une partie essentielle de ma vie. Je suis une « absolue pratiquante ».

Carla aime « fréquenter son âme » même si elle comprend que la pudeur rend parfois difficile l'aveu de la psychanalyse. Elle estime que la vie est douloureuse et que la psychanalyse permet « d'accepter la réalité de la vie ». Contrairement à la quasi-totalité des reines de France, Carla confesse ne pas avoir de spiritualité. Sa religion à elle, c'est la psychanalyse, la seule qui lui permette d'entrevoir la réalité de son âme. Elle complète aussitôt sa pensée par une anecdote qu'elle évoque volontiers :

> J'ai un étrange souvenir d'une messe. C'était la messe anniversaire de la mort de mon père. Le prêtre a

> commencé son sermon par ces mots : « Freud a dit : “Nos parents sont nos premiers dieux.” » Je ne sais pas si Freud l'a vraiment dit, mais ça m'a clouée. C'est la seule fois où j'ai vraiment suivi un sermon !

Confrontée à la vieillesse, Carla craint bien sûr les rides qui s'impriment sur son visage. Mais plus encore que les marques de la déchéance physique, elle avoue redouter par-dessus tout la rapidité du temps qui passe et la vacuité de l'existence. Bien avant de faire son entrée à l'Élysée, le journaliste lui demande où la belle se voit dans les dix ans qui viennent :

> Dans dix ans ? Je rêverais d'être psychanalyste. Je n'en suis pas encore là, c'est un long travail, mais je pense que c'est le monde le plus intéressant que l'on ait à notre portée. Seulement, je ne sais pas si je supporterais de rester assise toute la journée dans cette espèce d'écoute… Il faudrait que je bouge[1].

Le *coming out* psy de la reine

Dans les premiers mois de son règne, Carla fait peu référence à sa passion pour la psychanalyse. Les conseillers en communication ont dû estimer qu'en plus du mannequinat, d'une vie sentimentale mouvementée, de la richesse et de la chanson, la face freudienne de la Première dame passerait mal dans le public. Il faut dire qu'après les plans de table d'Anne-Aymone et les pièces jaunes de Bernadette, les centres d'intérêt de la reine Carla font très peu « France d'en bas ». Elle met

1. Article d'Hélène Mathieu sur le site *psychologies.com*.

bas les masques lors d'un documentaire télévisé orchestré par Gérard Miller, le plus médiatique des psys cathodiques.

Carla révèle avoir été longtemps hermétique à la psychanalyse avant de la découvrir suite à la mort de son père. Ce n'est que par la suite qu'elle y est entrée « corps et âme ». La reine estime que la rencontre avec un psychanalyste est avant tout la rencontre entre deux êtres humains. Carla explique qu'elle suit une psychanalyse depuis huit ans et qu'elle en retire de nombreux avantages. La France de l'an de grâce 2010 a une souveraine en quête d'exploration de son subconscient. Inutile de dire que toutes les rédactions du royaume paieraient cher pour glisser un micro sous le divan royal…

Une reine trop distante ?

Quelques semaines avant la célébration du deuxième anniversaire des épousailles royales, le magazine *Sélection* publie un sondage exclusif[1] sur les rapports de Carla avec le bon peuple de France.

Verdict : la belle reste très attirante mais apparaît aussi particulièrement distante. 51 % des Français jugent Carla distante, loin de leurs préoccupations. Ils ne sont que 33 % à la juger proche. Parmi les interrogés, ce sont les femmes et les jeunes qui la considèrent comme la plus lointaine. Interrogée sur TF1 à propos de cet enseignement du sondage, Carla répond qu'elle est amenée à renvoyer une image lointaine pour incarner la France et lui faire honneur en portant de belles toilettes. Elle adopte donc quelquefois une image qui est loin d'elle et qui peut très logiquement paraître loin des gens.

Ce sondage, riche en enseignements, est à l'image du premier bulletin de la souveraine qui aligne les paradoxes. 55 % des Français la jugent à la hauteur de

1. Sondage GNS paru dans le magazine *Sélection* de décembre 2009-janvier 2010, réalisé par Internet du 9 au 12 octobre 2009 auprès de 1 309 personnes constituant un échantillon national représentatif de la population française. Les résultats ont été redressés selon le profil de la population française par la méthode des quotas.

son rôle et un Français sur deux en moyenne juge qu'elle occupe aussi bien sa fonction que ses prédécesseurs. Des résultats qui ne prennent pas l'allure d'un plébiscite mais qui sont conformes à l'attitude d'une femme qui entretient un rapport ambigu avec son rôle de Première dame. Un jour oui, un jour non... Carla n'en fait qu'à sa tête et c'est pour cela que l'adjectif « indépendante » est le premier que les Français lui attribuent.

48 % des Français estiment qu'elle influence le président de la République (31 % jugent le contraire). Interrogé par le magazine, Jacques Séguéla estime que ce résultat n'est pas mérité. Selon lui, l'influence de l'épouse du président est une idée fausse. Et si chacun connaît ses opinions sur les tests ADN, pour le regroupement familial ou le cas Marina Petrella, c'est en définitive au président de la République de trancher. Le publicitaire affirme que sa seule influence est liée à son arrivée dans la vie quotidienne du président.

Un facteur adoucissant

Joli succès en revanche pour la question suivante: Carla Bruni-Sarkozy est-elle un atout pour le président de la République? Les Français sont 65 % à répondre oui. Et parmi les facteurs positifs mis en évidence, c'est une nouvelle fois l'adoucissement de son image qui est mis en avant. Carla remporte également une bonne note pour son rôle à l'étranger où elle offre pour 62 % des Français une image positive de son pays. Enfin, 54 % des Français affirment connaître ses engagements humanitaires et 68 % estiment qu'elle est sincère dans les causes qu'elle défend.

Après deux ans d'activité, ce premier chiffre peut paraître très modeste au regard de l'aura médiatique dont a bénéficié la Première dame depuis son arrivée sur le trône de Marianne. Manque de communication? Manque de volonté? Mauvais choix des causes endossées par la belle? En s'attaquant au sida et à l'illettrisme, Carla a choisi des combats qu'elle connaît et qu'elle peut revendiquer de manière légitime. Pourtant, la Première dame souffre une fois de plus de son image lointaine et brouillée par le nombre de ses activités et son statut de star.

Inaccessible étoile?

En fait, le seul résultat du sondage inquiétant pour Carla concerne la perception d'éloignement que les Français ressentent par rapport à leur Première dame. Petite fille riche, star des podiums, généreuse en amour, vedette de la chanson, amie des intellectuels, vestale autoproclamée de la psychanalyse... Carla se situe à mille lieues des pièces jaunes de sainte Bernadette. Ses combats sont moins accessibles et son image nettement plus floue. Sa manière d'être à l'Élysée sans y être ou encore de soumettre sa présence lors des voyages officiels à ses convictions personnelles désoriente les Français qui ont l'habitude d'une unité (même de façade) affichée par le couple présidentiel.

Carla souffre d'un syndrome bien connu par les reines de France. Elle paraît lointaine, coupée des réalités du peuple. À ceux qui réclament du pain, elle propose de lire de la poésie. Et quand on s'attendrait à la voir marcher, tête baissée, deux pas derrière son auguste époux, elle donne le plus souvent l'impression de n'en faire qu'à sa tête. Telle Marie-Antoinette, elle renvoie l'image d'une souveraine qui joue à la Française « comme les autres » mais qui apparaît loin des réalités populaires dans l'élégance de son hôtel particulier. Le peuple est fier de l'image que sa souveraine renvoie à l'étranger. Il lui reconnaît de l'élégance et de la beauté mais il ne peut pas s'identifier à cette icône de la mode et de la génération bobo-chic.

Et même lorsqu'elle accorde, le 14 décembre 2009, un long entretien au magazine *Macadam* vendu par des personnes en situation précaire, certains la soupçonnent d'une nouvelle mise en scène. Elle révèle entretenir une relation privilégiée avec un SDF prénommé Denis qui vit sur un trottoir à deux pas de son hôtel particulier. Cette fois, de qui se moque-t-on ? Carla discute avec ce blessé de la vie qui se révèle, comme elle, passionné par la musique et la littérature. Du haut au bas de l'échelle sociale, l'art réunit les extrêmes. Le symbole ne manque pas de charme mais, chez Carla, le cœur et le cerveau paraissent toujours trop proches, voire même indéfectiblement mêlés. Comme si la spontanéité elle-même était maîtrisée.

Coups de cœur et influence

Invitée par Michel Denisot, Carla révèle qu'elle a accepté la proposition de Woody Allen qui lui offre un rôle dans son prochain film. La reine n'en sait pas encore beaucoup plus sur sa participation dans ce nouveau long-métrage du cinéaste new-yorkais préféré des psys européens mais il y a fort à parier que ce nouveau défi artistique confortera son image. Et ce ne sont pas les vacances annoncées dans un palais marocain qui vont apaiser la rumeur.

Autre bruit qui continue à circuler dans les couloirs du pouvoir : l'influence réelle ou supposée de la reine Carla sur son époux. Interrogé par *Entrevue* en novembre 2009, Karl Lagerfeld répond comme toujours sans langue de bois : « Nicolas Sarkozy peut être très amusant… Mais Carla sait exactement ce qu'elle veut. J'aime l'idée de la voir lui dire quoi faire ou non. » Le journaliste demande : « Vous êtes en train de dire que c'est elle qui porte la culotte ? » et le couturier de répondre : « Ça, je ne sais pas. Mais les femmes de pouvoir me fascinent. Il ne faut pas oublier qu'en Allemagne, notre chancelier est une femme ! » La comparaison entre Angela Merkel et Carla Bruni laisse dubitatif mais le message est clair. Carla a du caractère mais elle est aussi une femme prudente. Chaque fois qu'elle apparaît dans l'exercice de ses fonctions présidentielles, elle se méfie du mot de trop.

Enfin, Carla refuse de renoncer à son mode de vie et à ses habitudes. Si l'on en croit ses amies Raphaëlle Diais ou Johanna Fath, elle refuse par exemple de faire plus d'un voyage officiel par mois. Pourtant, elle a sous-estimé le volume de travail que représente le rôle de Première dame. Elle doit surtout faire une croix sur le bien qui lui est le plus cher, sa liberté. Pour une femme sans contraintes, le choc se révèle parfois violent. Mais Carla a aussi besoin de nouveautés et de défis pour se sentir vivre. Tant mieux pour elle, son rôle de reine est un solide challenge. Et pour ce qui est de gérer sa communication, elle oscille toujours entre une médiatisation extrême et une discrétion assumée. En clair, Clara ne doit pas nécessairement agir pour exister, il lui suffit souvent d'être pour occuper la scène médiatique.

Le look de la reine

C'est lors du voyage à Londres que tout bascule. Carla étrenne son look Jackie et se révèle étonnamment BCBG. Pour tous ceux qui la connaissent, cette posture très sage peut étonner. La reine endosse un costume taillé pour son rôle et veut à tout prix éviter tout commentaire déplacé. Ses robes de soirée laissent peu entrevoir sa plastique pourtant irréprochable. Ses ballerines ne flattent pas sa ligne élancée. Le gris, le blanc et le noir semblent être les seules couleurs admises dans la garde-robe royale. Petit à petit, la confiance venant, Carla paraît pourtant se libérer de ces craintes. Elle ose un bustier Azzaro moins « couvrant » et se juche même sur des escarpins à petits talons, même si les médias continuent à se moquer de sa différence de taille avec le président. Spectateurs du défilé présidentiel, les Français décryptent les tenues de la souveraine et beaucoup jugent qu'il serait temps qu'elle soit moins sage, moins « UMPienne » et un peu plus « brunienne ». Libre et donc, par définition, lointaine.

La reine Carla trône au sommet d'une montagne inaccessible pour le commun des mortels. Trop de fées se sont penchées sur son berceau pour qu'elle ne soit qu'une simple petite princesse aux allumettes. Elle est la nouvelle Cendrillon mais, à la différence de la jolie héroïne du conte, son carrosse ne risque pas de se transformer en citrouille quand sonnent les douze coups de minuit. Cela fait trop longtemps qu'elle a appris à danser pour ne pas rester l'unique héroïne du bal… même quand les violons se sont tus.

Bibliographie

Carla Mot à Mot, Anne-Marie Corre, 2009, J.-C. Lattès.

Un petit tour en enfer, Franck Demules, 2009, éditions du Moment.

Rien de grave, Justine Lévy, 2009, Le Livre de Poche.

Les dossiers secrets de Paris Match, Patrick Mahé et Jean Durieux, 2009, Robert Laffont.

Carla Bruni-Sarkozy, la véritable histoire, Yves Azéroual et Valérie Benaïm, 2008, Archi Poche.

Ces Premières dames qui nous gouvernent, collectif, 2008, Les dossiers du *Canard enchaîné.*

Sarkozy et les femmes, Caroline Derrien et Candice Nedelec, 2008, J.-C. Gawsewitch.

Le roi est nu, Laurent Joffrin, 2008, Robert Laffont.

Reines de France, Patrick Weber, 2006, Librio.

Revue de presse : articles et émissions extraits de *Point de Vue*, *Le Nouvel Observateur*, *Paris Match*, *Le Soir*, *L'Express*, *Le Point*, *La Dernière Heure*, *Le Vif L'Express*, *VSD*, *L'Écho des Savanes*, *Elle*, *Madame Figaro*, *Le Figaro*, *Libération*, *Entrevue*, TF1, France 3, Canal +, etc.

Les dates indiquées dans la première partie correspondent à la revue de presse établie en collaboration avec Sanoma Magazines.

Remerciements

Mes plus vifs remerciements vont à Patrick Mahé pour sa confiance.

Et aussi à Yannic, Geffy, Jérémie, Anouk, Robert et tous ceux qui m'accompagnent sur les sentiers parfois escarpés des grands destins.

TABLE

DEUXIÈME PARTIE
La reine Carla dans la grande galerie des souveraines de France

TROISIÈME PARTIE

Les dynasties républicaines, galerie de portraits des Premières dames

QUATRIÈME PARTIE

Au beau pays des *people*, Carla est la reine

Composition et mise en pages réalisées par
Sud Compo - 66140 - Canet-en-Roussillon
047/2009

Éditions du Rocher
28, rue du Comte-Félix-Gastaldi
98000 Monaco
www.editionsdurocher.fr

Achevé d'imprimer sur Roto-Page
par l'Imprimerie Floch à Mayenne
en janvier 2010

Imprimé en France
Dépôt légal : février 2010
N° d'impression : 75673